グラッ！その瞬間どうする
避難シミュレーションで命を守る！
―新しい避難訓練(シェイクアウト)とマニュアルづくり―

意志ある学び 未来教育 SP

鈴木敏恵　著

この本は、大切な人を守りたいと願う
たくさんの人々との出会いで書くことができました。
心から敬意と感謝を捧げます。

contents

はじめに　　　鈴木敏恵

第1章　自ら考える力が身につく新しい防災教育をはじめよう！
1. その瞬間生きのびるために　　6
2. 新しい防災教育でセンシング能力を高める　　8
3. プロジェクト手法による「避難訓練」プログラム　　10
4. プロジェクト手法による避難シミュレーションプログラム　　12

意志ある学び ―プロジェクト学習／知識創造型シェイクアウト　　14

第2章　新しい避難訓練　実践プログラム　～図上シミュレーション～
1. 防災教育と避難訓練　続けてやるから意味がある！　　16
2. 意志ある「避難行動」にする！　　20
　　避難シミュレーションシート集の使い方　　ゴールシート
3. どこにいても"その瞬間"助かるために　　22
　　避難シミュレーションシート集の使い方　　判断・行動イメージシート
4. 自分の避難動線を考える【室内・建物・地域】　　38
　　避難シミュレーションシート集の使い方　　図上演習シート

図上演習の考え方　　46

5. 危険箇所を根拠をもって考える　　52
　　避難シミュレーションシート集の使い方　　危険予測シート
6. 避難訓練とフィードバック　　58
　　避難シミュレーションシート集の使い方　　避難訓練シート

311 震災以後に変えたこと ―宮城県校長会石巻大会にて　　64

第3章　みんなで現実に有効な避難マニュアルをつくる方法

1. いざというときに使えないのはなぜ？ ……………………………… 66
2. みんなで現実に有効な避難マニュアルをつくる！ ………………… 68
   - 実践例【病院】／みんなで災害訓練を活かしマニュアル作成
   - 実践例【地域】／市民がつくる［地震・津波への対策集］
3. シェイクアウトから一斉フィードバック ……………………………… 74
4. 避難と情報…センシング能力を高めよう ……………………………… 76
   〈実践者の声〉プロジェクト手法による新しい避難訓練を実施してみて …… 78

第4章　思考力・判断力が身につく防災教育

1. 主体性と考える力をつける防災教育を！ ……………………………… 80
2. 「国語」で防災ハンドブックをつくる ………………………………… 86
3. 教科で防災教育【総合的な学習】 ……………………………………… 90
   リーダーのための『アクションカード』 ……………………………… 94

第5章　リーダーのためのコーチング手法・研修・安全チェック

1. コマンドからコーチングへ ……………………………………………… 96
2. プロジェクト手法による研修 …………………………………………… 100
3. さあ、新しい防災研修をはじめよう …………………………………… 104
4. 〔安全確認チェックシート〕と活用 …………………………………… 104
   グラッその時役立つ『防災ケータイカード』 ………………………… 110
   ＊協力／施設写真提供／参考文献 ……………………………………… 111

はじめに

グラッ！その瞬間に
大切な人を守るために…

　人でも動物でも命あるものはみな、危険に遭遇した時に、自らの身を守ろうとする本能をもっています。グラッ！その瞬間、しゃがんで身を小さくして頭を守り、おさまるまで恐怖と戦いながらじっとして様子をうかがいます。いざというときいつでも、どこにいてもこのふるまいが出来るか、ここへの訓練がシェイクアウトと呼ばれているものです。

　揺れがおさまったらいつまでもそこにじっとしているわけにはいきません。二次災害…津波、遡上、山崩れ、火災延焼、高層ビル、地下街、群衆パニック…などに対しより安全なところへ素早く避難する必要があります。どっちへどう逃げたらいいのか、身体中からセンサーを放ち、まわりの状況をつかもうとします。ここにセンシング能力が発揮されます。センシングとは、英語の sensing に由来します。人も動物も自らの存在を脅かす状態と遭遇するとき、感覚を鋭敏にして対象から情報を得ようとする…すべてで目の前の状況から情報を得て予測から不確実を極力減らし、生きるための次の行動に移るためにです。災害に遭遇したその瞬間に、私たちはみなセンシング能力を本能のように起動させ自らの身を守るために避難します。しかし学校の先生や看護師さんはより鋭敏に子どもたちや患者さんたちを守るためにセンシング能力を発揮します。大切な自分自身のため、自分が守りたい大切な人のため、このセンシング能力を高めるために最も有効なのが、"その瞬間"を意識した目の前の現実との対座です。

　ガラスや物が床一杯に散乱し、あらゆるものが混乱の状況にあるなかで自分は効果的な避難行動ができるのか、リアルにイマジネーションしてみましょう。この本は「写真」や「図面」をもとに「もし自分がここにいたら」という避難シミュレーションを何パターンもすることができるものです。写真や図面は「現実の断片」ですから、イザというとき状況の再現性として頭に蘇り有効な避難行動がとれる力を身につける力となります。

　身につけた避難力を活かした避難訓練、意志ある避難訓練は、一人ひとりが自分の目標をもって考えながら行いますから課題が見えてきます。その解決策をみんなで考え、自分たち独自の避難マニュアルにフィードバックする…本書は、この一連の展開をプログラム化してすぐに使える形でご紹介するものです。

　学校で、病院で、家庭でぜひ行ってみてください。

この本があなたとあなたの大切な人の命を守るために役立てば幸いです。

鈴木　敏恵

第1章
自ら考える力が身につく新しい防災教育をはじめよう!

何を見てどう動くのか

1．その瞬間生きのびるために

■ その瞬間、生きのびるために

　災害は二度と同じものがありません。「こうすれば必ず助かる」という正解も存在しません。マニュアル通りにはいきません。どこに自分がいるのかにより避難の行動は異なります。例えば、学校で大勢といるときか、道を一人で歩いているときか、あるいは病院にいるときか。どんな状況のときグラッときたのかによっても避難行動はまったく違います。

　例えば、学校で授業中、給食を食べているとき、地域でグループ活動しているとき。朝の駅のコンコースを抜けているとき、エレベーターを待っているとき。病院であれば、外来に人が溢れているときか、病棟に患者の家族がお見舞いにたくさん来ている休日か、人出が最も少ない夜間か。地震は、いつどこにいるときにくるか分かりません。そこで生きのびることができるためには、どんな力を身につける必要があるでしょうか。

■ 現状の防災教育や避難訓練で本当に命が助かるの？

　多様な災害、様々な状況下でも、その瞬間に命を守ることができるためには、自分の目で目の前の状況を見て、自分の頭で考え、危険を予測し、決断して動ける力が必要です。そのためには現状の防災教育や、避難訓練、マニュアルをどう新しく変えていけばいいのでしょうか。いまの課題とありたい方向性を考えてみましょう。

　東日本大震災以降、一層防災教育への関心が高まりました。教科書にも災害や防災関係のページが増えました。学校や病院など公的施設では、従来の避難訓練や防災マニュアルを見直すことを余儀なくされています。市民によるハザードマップづくりも盛んです。

　被災された方を招く講演会や「おはしも[1]」をルールに引率する集団避難訓練も盛んに行われています。従来の火災想定に加え地震を想定した、避難訓練の回数も増えているようです。災害は命や悲しみに直結するものですから誰もが真剣に慎んで関心をよせ、みな熱心に向き合います。しかし課題もあります、受け身な防災教育、フィードバックが活かされない避難訓練のあり方、病院や学校など公的施設に求められている独自の災害対策マニュアルづくりへの困難性。

　これらに対してどういう方向で考えていくべきなのでしょうか、防災教育も避難訓練にもマニュアル作りにも共通して、主体的なモチベーションの高さ、自ら考え判断し動ける主体性、自立や自律…これらが求められているのではないでしょうか。

防災教育・避難訓練のこれからの方向性

[これまで]
・知識重視の防災教育
・スキル習得、受け身な避難訓練
・一般的な内容の防災マニュアル

→

[これから目指す方向性]
・自ら現実を直視し自ら判断できる力
・自ら課題を発見でき、主体的に動ける
・独自の機能や状況に対応したマニュアル

---

[1] おさない、はしらない、しゃべらない、もどらない

2. 新しい防災教育でセンシング能力を高める

■ 新しい防災教育でセンシング能力を高める

　一人でいるときもグラッときたそのとき自分の命を守れることが大事です。災害はいつどこで起こるか分かりません。その瞬間に必要なのは、危険に気づくセンシング能力[1]です。知覚を鋭くして身体からセンサーを放つかのように、目の前の状況や対象から必要な情報を得ようとする力です。

◎ センシングと避難行動　　　　◎ 普遍的な避難力

◆瞬時に自分が「何処」にいるか分かる
　　ex…ここは3階だけど海抜4mしかない

◆避難を「比較」検討できる
　　ex…このドアからか、ベランダからか

◆出来る限り「危険」を予測できる
　　ex…ここまであと数分で浸水する

◆どう「行動」したらいいか考えられる
　　ex…あそこまで走りあの5階建ビルへいく

◆自分のミッションを遂行できる
　　ex…低学年の子たちを全員、高台まで
　　ex…患者の酸素確保は何としても！

主体性

・イメージ力
・課題発見力
・状況把握力
・危険予測力
・俯瞰力
・空間認知力
・課題解決力

自立・自律

■ 危険を予測する力とは

　避難とは、危険が予想される所からより安全な所へ移動することです。どこにいても助かることを願うなら、何が危険かが分かる必要があるということです。しかし多くの場合、避難訓練では、「一時避難所へ行く」というパターンで覚えます。

　センシング能力を磨き高めるため、その要素を具体化したものが…イメージ力、課題発見力、状況把握力、空間認知力などです。これらを身につける防災教育や避難訓練をここからお伝えしていきます。

---

[1] 英語の sensing に由来する。人や動物は対象に興味を抱いたときに感覚器官を動員して対象に関する情報を収集する。情報収集の動機は生存のために必要である場合が多い。人間の場合はさらに知的好奇心とか、行動の準備の場合がある。いずれの場合も対象について不確かさを減らし、より明確にしたいという欲求があり、それを満たすことがセンシングの目的である。（日本大百科全書（小学館）より抜粋）

自ら考える力が身につく新しい防災教育をはじめよう！ 第1章

■ 「意識」しないとキケンは見えない

　災害はこうすれば必ず助かるという正解は存在しません。現実は一瞬たりとも同じ状況はありませんから、自分で目の前の変化する現実を見つめ立ち止まり、ここでグラグラッと大きな地震が起きたらとイメージしてみる…キケンを意識し、無意識から意識化します。意識してはじめて物事は見えてきます。普段は気にならなかった歩道脇に停めてある自転車、上から落ちてきそうなモノ…その瞬間人々はパニックになるかも知れません。いっぺんに大勢が押し寄せればいつもの階段も廊下もキケンになります。夜中で大雨だったらどうでしょう、与えられた条件をいま見ている現実の風景に足してシミュレーションしてください。

■ 写真を使うシミュレーション

　現実は動画です、じっと止めて考えることができませんので、静止画である「写真」を使います。『一枚の写真』を教材とすることで無限の避難シミュレーションができます。写真に自分の立ち位置をかき込みます。ガラス窓のすぐ側に立ち位置をかき込むのか、部屋の奥に自分の立ち位置をかくのかによりその風景のどこにいるか、で危険の状態は変わってきます。

　そこで自分がどう動けるか、根拠をもとに考えてみる。その瞬間、何を見て、どう感じて、どのくらいの時間カタマっている自分がいるのかリアルにイメージしてみる。その時どんな音が聞こえているのか、物と物がぶつかる不気味な音かも知れませんし、近くにいる人たちの叫び声かも知れません。その中、自分がどう逃げることができるのか、どこからどこへ移動するか…一枚の写真でたくさんのシミュレーションをすることで様々な課題発見、状況対応を考えることができるようになります。

<一枚の写真で無限のシミュレーション>

①土手の上を歩いているとき
②向こうの橋を渡っているとき
③水際で遊んでいるとき

コーチング
「そこから見えるものは何？」
「今はどういう状態？」
「どっちへ向かって行く？」
「その理由は？」
「そこが通れないときどうする？」

3. プロジェクト手法による「避難訓練」プログラム

■ 図面を使い空間と行動を俯瞰する

「図面」を使い自分の避難行動を客観的に見ます。この方法は地域のハザードマップなどで多くとられていますが、自分の部屋や建物で図上シミュレーションを先にすることが不可欠と言えます。実際のところ部屋や建物から外へ避難できないと町での避難はできないのですから。平面図、建物の全体図、地域の地図など縮尺を変えながらそれぞれのサイズで俯瞰できる思考スキルを身につけます。

「平面図」であれば、部屋の中の家具はどうなるのか、食器棚の中身はどう床に飛散するのか、ビデオラックの上のテレビが落下する…などをかき込みます。その図や線を俯瞰することで「自分がどう避難できるか」を客観的に考えることが叶います。

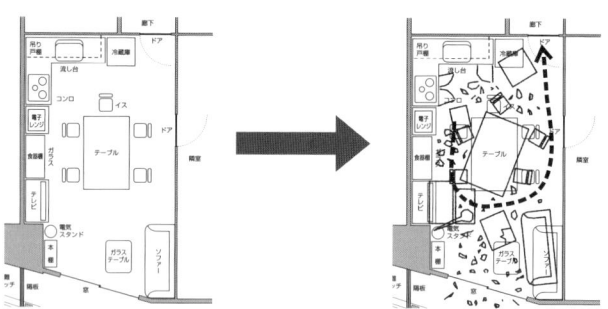

■ 自分の動きをシミュレーションする

「平面図」のなかで転倒した家具や散乱したガラスなどを跨いで逃げるその瞬間の気持ちや逡巡など思考プロセスを先読み的に再現します。

「建物」全体の図に上下階の人と自分（たち）の動線の交差、合流など避難の問題箇所をかき込み、状況を俯瞰することで影響しあう他者との避難行動をも加味した現実性のあるイメージができます。

「地図」に自宅から避難所への避難経路をかき込むことで、その途中にある危険に具体的に気づくことでしょう。複数の避難先、避難コースを考えておこうという発想につながることもあるでしょう。

見知らぬ土地の「地図」に自分の立ち位置をかき込んでみる。その瞬間の自分の行動やふるまいをイメージしてみてください。どっちへ逃げたらいいのか…人は自分の立ち位置を確認するために周囲の環境や高さや距離やスペースを見て把握（空間認知力）しようとするでしょう。

第1章 自ら考える力が身につく新しい防災教育をはじめよう！

■ 防災教育と避難訓練の連続プログラム

　写真や図面を使い頭の中でシミュレーションする防災教育の手法をここまでお伝えしました。このシミュレーションを経験すると避難力…イメージ力・状況判断力・危険予測力・空間認知力などが高まります。ここで身につけたことを活かし「避難訓練」を行い「自ら考えながら避難する訓練」を実現します。考えながら避難訓練を行うことで、現実の課題に的確に気づくことができます。

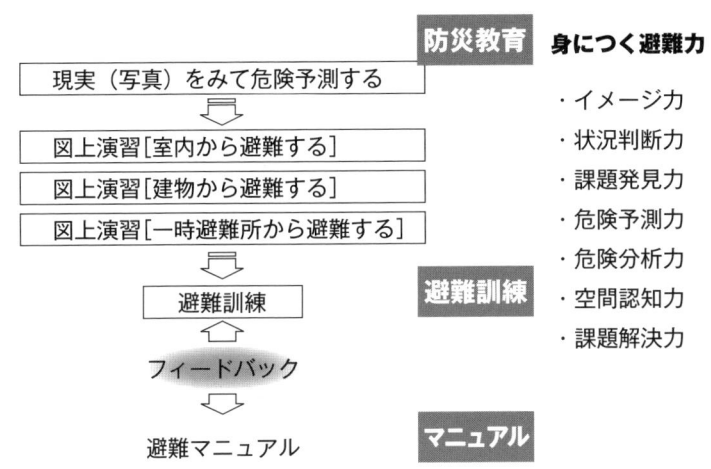

■ フィードバックを活かしてオリジナルマニュアル

　自ら考えながら避難する訓練をフィードバック・評価し、発見することができた課題をどう解決するか、まず自分自身で考えてみます。その後、他者と共有し、話し合い、安全に避難できるための対応や課題解決策を考え出します。これらをプレゼンテーションに終わらせず、オリジナルな避難マニュアルを生み出すことにつなげます。このように戦略的にアウトカムを生み出す活動をプロジェクトといいます。これを教育的に導入したものがプロジェクト学習（PBL：Project Based Learning）です。

4．プロジェクト手法による避難シミュレーションプログラム

■ PBL手法による避難訓練シミュレーションプログラム(SP) 3つの特徴

防災教育、避難訓練を経てマニュアル作成までを一貫して行う『PBL手法による避難シミュレーションプログラム』は、次の3つの特徴をもちます。

1）一連の流れですすめる

防災教育と避難訓練とマニュアルづくりを一連の流れで展開します。防災教育で身につけた力を活かし実際の避難訓練を行い、避難訓練における課題をフィードバックし、マニュアルづくりに活かします。

2）避難力を身につける

一連の流れの展開で、避難に必要なさまざまな力を身につけて成長していくことがねらいです。活動することで終わらせず、避難に必要な力を一つひとつ身につけて成長することが大事なのです。身につく力を明確にしておくことで、自己評価することもできます。

3）セルフコーチングを主眼とする

主体的な学び、自律した避難ができることを目指しセルフコーチングができるようにします。コーチング手法については、本書第5章で詳しくお伝えします。

セルフコーチングとは

避難力（イメージ力、危険予測力、状況判断力など）を高めるためにはコーチングが有効です。コーチングとは、その人がもともと持っている能力や性能を高める力を促すことです。自分の頭で考え行動できる力を高めていきます。課題発見力や解決力を高めるために、自分の行動や思考を客観的にみて自分で自分にコーチング（セルフコーチング）します。

第1章 自ら考える力が身につく新しい防災教育をはじめよう！

PBL手法による避難訓練シミュレーションプログラム
～主体性へのセルフコーチング導入～

一連の流れ		身につく避難力（成長）	セルフコーチング（メタ認知）
防災教育	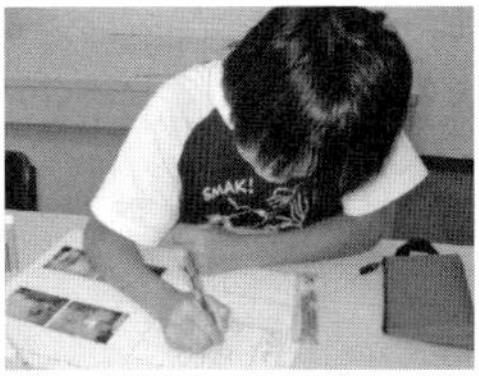 	イメージ力 状況判断力 危険予測力 空間認知力	「何が見えている？」 「なぜそう判断したの？」 「今はどういう状態？」 「そこが通れないときどうする？」
避難訓練	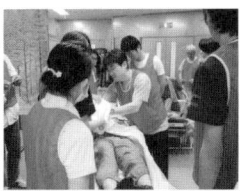	課題発見力 課題解決力 俯瞰力	「一番の問題は何だろう？」 「そのために出来ることは？」 「最も動線的に危険なのはどこ？」
知の成果 防災マニュアルづくり		貢献性 パフォーマンス 論理的表現力	「具体的にどんな人に役立つの？」 「どう表現したら伝わる？」 「その根拠は？」

コーチングからセルフコーチングへ

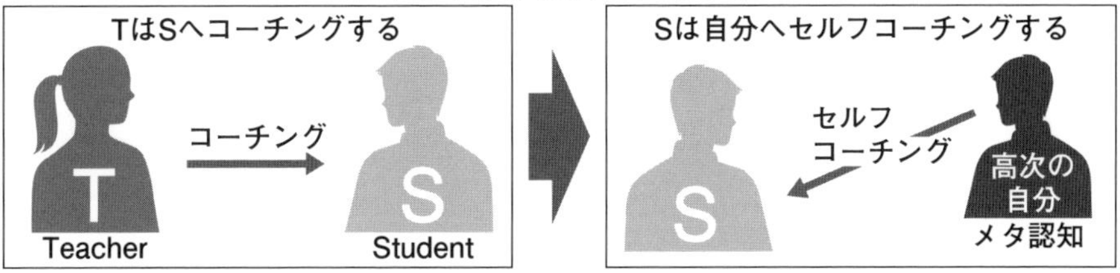

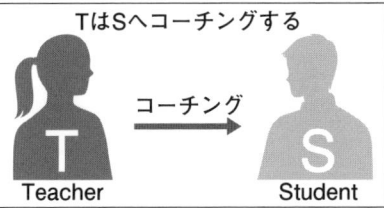

先生が生徒にコーチングで接することにより、生徒は、
自分で自分へコーチング（セルフコーチング）することを覚えます。

自ら考える…新しい防災教育
意志ある学び―プロジェクト学習

　目的（ビジョン）と目標（ゴール）を明確にして自ら考え判断しながら展開し、最後に貢献性のある「知の成果」を生み出す教育手法をプロジェクト学習といいます。避難を題材にしたプロジェクト学習であれば、成果として「避難マニュアル」を生み出す、というようになります。

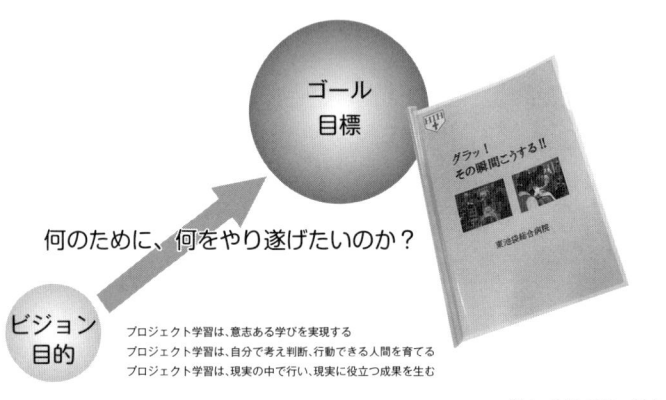

プロジェクト学習は、意志ある学びを実現する
プロジェクト学習は、自分で考え判断、行動できる人間を育てる
プロジェクト学習は、現実の中で行い、現実に役立つ成果を生む

詳しくは 82、84、100P

自ら判断する…新しい避難訓練
知識創造型シェイクアウト

　グラッときたときに自分の身は自分で守れるための避難訓練がシェイクアウトです。シェイクアウトは、参加者がいつもの活動や生活をしながら実施できる避難訓練なので、突然地震が発生したときも対応できる力が身につきます。自分が確実に避難行動をとれるのかを客観的に知ることができます。そのフィードバックを他者と共有し創造的な訓練とします。

資料
内閣府中央防災会議「防災対策推進検討会議」
http://www.bousai.go.jp/jishin/tsunami/hinan/7/pdf/3.pdf#page=25

詳しくは 74P

第2章
新しい避難訓練 実践プログラム
～図上シミュレーション～

2

グラッ！その瞬間に命を守る
避難力が身につく本書とセットの
学習用シートに沿って解説します。
学習用シートは学校用（S）と
一般用（P）の2種があります。

1.防災教育と避難訓練　続けてやるから意味がある！

■ "その瞬間"を想定していると強い

　その瞬間を想定していると、本当にその瞬間になった時に頭の中からパターンを蘇らせることができます。例えば、「ここで夕方地震が来たら、人の流れが駅の方向に向かっているはずなので、道路幅いっぱいに人がいる。」「その中を駆け抜けて自分は右手の階段を目指していく。その途中に通路が交差していて、そこからも人が来る」ということを考えつつ判断します。逆側の通路を選択して先の階段まで逃げるんだというようなことを、一度でも頭の中で想定したことがあれば、いざというときそのパターンを蘇らせることができます。

■ シミュレーション、そして体験へ

　この本は一人ひとりの避難のパフォーマンスをあげることをねらいとするものです。課題発見力や意識を高め、それから自分の避難がどうありたいかというビジョンをえがきます。最も安全な経路を判断できる的確で迅速な避難を目指します。「室内」、「建物の外へ」、「地域」と3段階の図で演習をすることで課題が明確に発見でき避難力が高まります。次に、自分の実際の身近な危険を予測して対策や解決策を考えます。

　まず、ここまでを、写真や図を活かしたシミュレーションをしながら進めることで、イメージ力を高めます。

　そして、実際の避難訓練に臨みます。イメージする力や課題を発見しているのでより具体的に自分ごととして避難訓練をすることができます。さらにフィードバックをしてマニュアルに反映させます。この一連の流れで行うことで、自ら考え判断し行動できる力が身につきます。

◎**主体的な避難力**

イメージ力	状況判断力	リサーチ力
課題発見力	危険予測力	危険分析力
目標設定力	空間認知力	課題解決力

新しい避難訓練　実践プログラム～図上シミュレーション～　第２章

◆〈主体的な避難力〉が身につく避難訓練プログラム

- イメージ力
- 状況判断力
- 危険予測力

写真でイメージする

図上演習［室内から避難する］

- 俯瞰力
- 空間認知力

図上演習［建物から避難する］

図上演習［一時避難所から避難する］

- 行動力
- 課題発見力
- 課題解決力

避難訓練

フィードバック

- 知の成果

避難マニュアル

17

1. 防災教育と避難訓練　続けてやるから意味がある！

■　普遍的な避難力が身につく〈実践プログラム〉

「防災教育」で自ら考え避難できる力を身につけ、「避難訓練」で課題を発見し対応力を高めていく実践プログラムは「避難シミュレーションシート集」を使うことにより、クオリティの高い効果をもたらします。1枚1枚のシートは状況判断力やイメージ力などが身につくよう設計され実践プログラムに沿って構成されています。

「写真」で災害をイメージし避難を考える「判断・行動イメージシート」、目的と目標を決める「ゴールシート」、図上で実際の動きをシミュレーションする「図上演習シート」、起こりうる問題を考える「危険予測シート」、そして実際に行動して確かめる「避難訓練シート」の5種類で構成されています。一枚1枚「身につく力」がはっきりしているので避難行動のパフォーマンスを評価することができます。防災教育から避難訓練、それらを活かしたマニュアルづくりと一連のプログラムとなっています。（右図参照）

避難シミュレーションシート集の説明

グラッ！その瞬間どうする
「避難シミュレーションシート集」

A4　36シート
フルカラー
S：学校用
P：一般用（2種類）

判断・行動イメージシート
ゴールシート
図上演習シート
危険予測シート
避難訓練シート

防災教育
避難訓練

普遍的な避難力
・イメージ力
・課題発見力
・目標設定力
・状況判断力
・危険予測力
・空間認知力
・リサーチ力
・危険分析力
・課題解決力

・構成力
・論理的表現力

◆「避難シミュレーションシート集」で行う実践プログラム

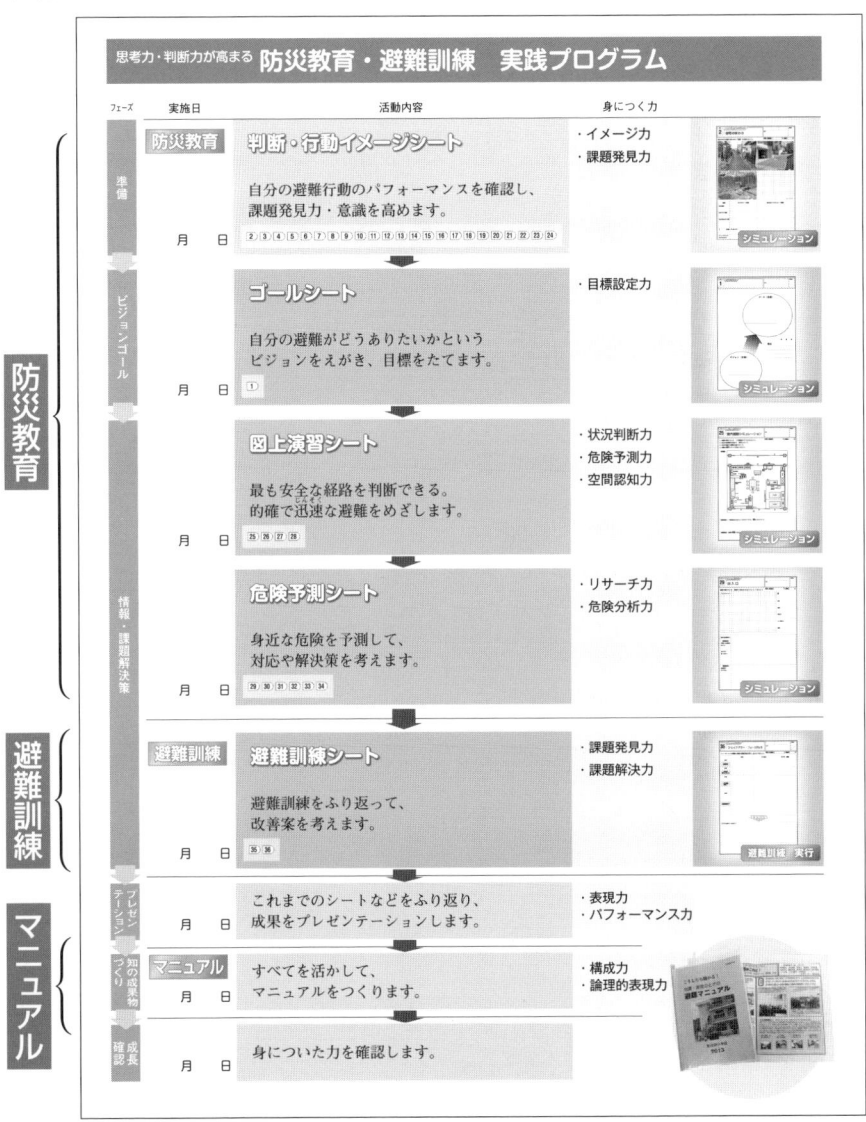

次のページから、「避難シミュレーションシート集」に沿って解説します。

2. 意志ある「避難行動」にする！

■ 何のために何をやり遂げたいのか具体的なゴール設定が必要

　何かをやるときには、「何のため」にという目的と、「何をやり遂げたいのか」という具体的なゴール（目標）を一人ひとりが意志をもって、自分で決定する必要があります。

　ビジョンとゴールを一人ひとりが意識して、自分のものとすることが何より大事です。たとえばハザードマップをつくるという目標へ向かうときも常に「何のために」「どんな人のために」つくるのかという目的を忘れずに向かうことが大切です。心にビジョンを描きながら向かいましょう。

「ゴールシート」の使い方

①名前・実施日を記入する。

②何のためにやるのか、「目的」となるビジョンをかく。

③何をやり遂げたいのか、「目標」となるゴールをかく。

④目標到達日とどうしてそれをやりたいのか、理由を書く。

★ゴールシート活用例
・目標をもった避難訓練
　71P参照
・「避難マニュアルをつくる！」を目標にした PBL
　84P参照

＜応用・発展＞
目標にはいろいろあります。
個人のゴール、組織のゴール、それぞれにゴールシートを使うといいでしょう。例えば「自分自身の避難マニュアル」というゴールもあるでしょうし、学校ならば「クラスのみんなが助かる避難マニュアル」、病院であれば「各部署独自のマニュアル」、地域ならば「お年寄にムリのないハザードマップ」をつくるというようになります。

新しい避難訓練 実践プログラム～図上シミュレーション～ 第2章

身につく力
目標設定力

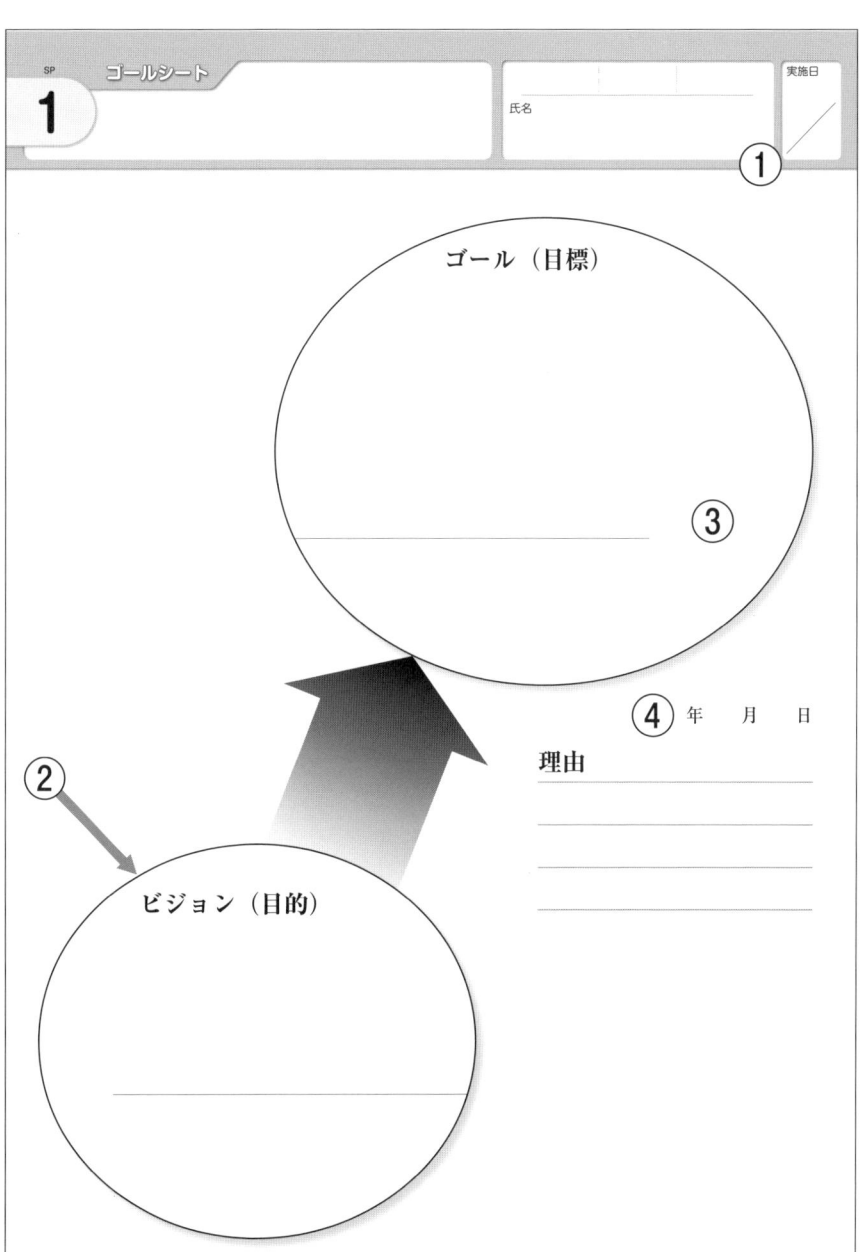

3. どこにいても"その瞬間"助かるために

■ **写真でその瞬間をイメージする**

「判断・行動イメージシート」は実際の写真を基にしたシートです。学校や通学や通勤路、病院などいろいろなシーンがあります。このシートを使い、ここにいるとき、「どう判断し、どう行動するか」イメージしてみましょう。

写真は図面と異なり、現実の一部を切り取ったものなので、自分の既知と重なる写真であれば、意識として「自分がそこに居たら」ということを想像しやすいものです。

■ **効果**

その瞬間の具体的な動きや先見的予測、課題発見力・課題解決力などの獲得につなげることができます。

グラッときたその瞬間、自分はどうふるまうのか、目は何を見て、手はどこにつかまり、何に耳を澄ませるのか。どこに逃げたらいいのかを具体的に考え出すことができます。あるいは、どういうところに逃げたら安全なのかを具体的にイメージすることができます。

地震発生から10分間、逃げる過程で発生する障害、避難の経路からの課題を見出すとともに、その回避のために具体的にどんな方策があり得るのかなどを考えることで課題解決力などが身につきます。

＜応用・発展＞

設定条件を変えることでいろいろ使えます。例えば車イスの人と一緒のときなど。
・シートを1人でまずかいてから3人程度で互いに見せ合い話しあって知恵を共有する。
・書画カメラなどを活かし発表しあう。

「判断・行動イメージシート」活用の手順

①名前・実施日を記入する。

②天候や気温、時刻など想定した設定を記入する。

③写真をABCのどれで行うか決める。

④自分の立ち位置を想定し写真に記入する。

⑤想定したゆれがイメージできるような動画を見る。

⑥写真の中に"危険"を書き込む。

⑦「ゆれ始め」どうするかイメージしてかく。

⑧何を考えてそうしたかその判断となることをかく。

⑨⑩「ゆれている間」「ゆれがおさまった後」も同様にかく。

⑪ゆれがおさまった後、何分後にいるであろう場所とそこへの経緯を手順を追って記入する。

⑫理由をかく。

⑬全体を振り返って感じたことや避難行動で気づいたことをかく。

★シート活用15分プログラム　102P 参照

3. どこにいても"その瞬間"助かるために

■ 1枚の写真で無限のシミュレーションをしてみよう

グラッ！その瞬間
どこに立っているのか

①土手の上にいる
②橋を渡っている
③土手の下にいる

コーチング
「そこから見えるものは？」
「どっちへ逃げるの？」
「その理由は？」
「そこが通れないときどうする？」

■ あらゆるシーンに対応できる避難力を身につけよう！

路地	住宅地	マンション
橋	土手	河川敷
歩道	側溝	崖沿いの道
漁港	砂浜	海辺の公園
家並	交差点	バス停
商店街	アーケード	スーパーマーケット
駅前	駅の構内	ロータリー
電車車内	バス車内	駅のホーム
コンビニエンスストア	図書館	量販店
低層ビル	オフィス街	市街
ショッピングモール	駐車場	フードコート
遊園地	ゲームセンター	スタジアム
スクランブル交差点	劇場	ホール
ホテルの部屋	ホテルの廊下	観光地

グラッ！その瞬間どんな危険があるのか課題発見しよう

① 冷蔵庫が倒れて出入り口を塞ぐ
② 小物棚が倒れて出入り口を塞ぐ
③ 吊り戸棚の中のものが落下する
④ 流し台下の瓶が飛び出し割れる
⑤ 食器棚の上のものが落下する
⑥ 食器棚の中身や引き出しが散乱する
⑦ 食器棚のガラス扉が人の上に飛散する

昇降口		
廊下	階段	廊下と階段
図書室	理科室	普通教室
体育館	校舎まわり	PC教室
エレベーターホール	オフィス	ラウンジ
トイレ	洗面所	浴室
食堂	リハビリ用プール	リハビリ施設
駅の玄関	玄関	風除室
ロビー1	ロビー2	セミナールーム
病室	廊下1	廊下2
診察室	スタッフステーション	備品庫
レントゲン室	手術室	ICU

3. どこにいても"その瞬間"助かるために

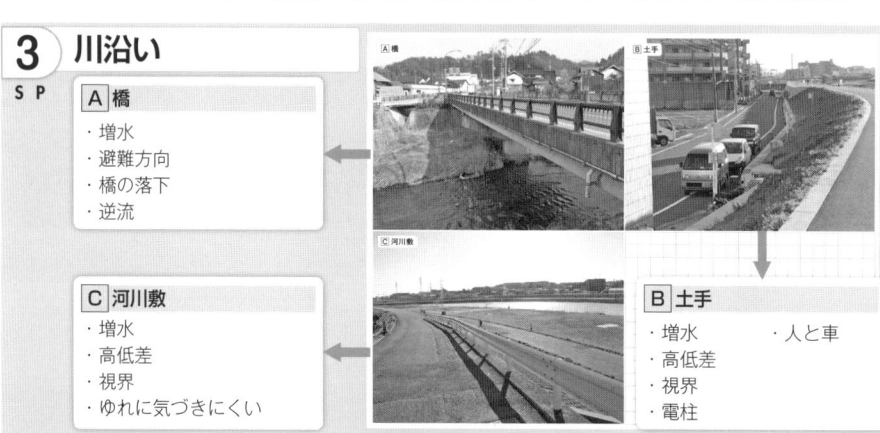

② 自宅のまわり
SP

A 路地
- 段差
- ガラス
- 階段
- 木造密集
- 植木鉢
- 自転車

C マンション
- 方向感覚
- 視界
- 高所避難の判断
- 子どもだけ

課題 ← → 発見

A 路地 / B 住宅地 / C マンション

B 住宅地
- 勾配
- 死角
- 車椅子
- ベビーカー
- 出会い頭

③ 川沿い
SP

A 橋
- 増水
- 避難方向
- 橋の落下
- 逆流

C 河川敷
- 増水
- 高低差
- 視界
- ゆれに気づきにくい

A 橋 / B 土手 / C 河川敷

B 土手
- 増水
- 人と車
- 高低差
- 視界
- 電柱

④ 道
SP

A 歩道
- ガラス
- 自転車
- 電柱
- 人の集中

C 崖沿いの道
- 崖崩れ
- 視界
- 車の飛び出し

A 歩道 / B 側溝 / C 崖沿いの道

B 側溝
- ブロック塀
- 段差
- 暗渠
- 車・歩道の境界

新しい避難訓練　実践プログラム〜図上シミュレーション〜　第2章

身につく力
イメージ力　課題発見力

5 海
SP

A 漁港
・水位　　・道幅不明
・方向
・街灯
・船上

C 海辺の公園
・水位
・人の集中
・高所がない

B 砂浜
・水位　　・足場
・方向
・高所がない
・避難距離

6 町中
SP

A 家並
・ガラス　　・車・歩道の
・瓦　　　　　境界
・勾配
・電柱

C バス停
・ガラス　　・自転車
・看板
・道幅が広い
・交通量

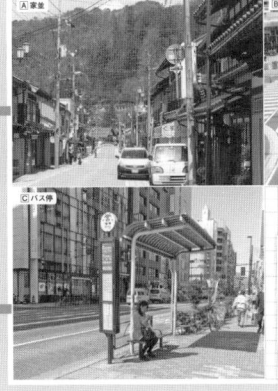

B 交差点
・ガラス　　・停車の判断
・看板
・道幅が広い
・交通量

7 商店付近
SP

A 商店街
・陳列台散乱　・混雑
・ガラス
・室外機
・自転車

C スーパーマーケット
・陳列物散乱
・照明
・混雑
・不特定多数

B アーケード
・植え込み
・ガラス
・看板
・混雑

「避難シミュレーションシート集」の使い方

判断・行動イメージシート

SP
2
3
4
5
6
7

27

3. どこにいても "その瞬間" 助かるために

8 駅付近
SP

A 駅前
・ガラス
・段差
・方向感覚
・避難所不明

C ロータリー
・ガラス　・パニック
・人の集中
・混雑
・方向感覚

B 駅の構内
・人の集中　・パニック
・混雑
・方向感覚
・暗闇

9 乗り物
SP

A 電車車内
・圧迫　・群集心理
・閉鎖
・人の集中
・緊急停止

C 駅のホーム
・線路への落下
・人の集中
・群集心理

B バス車内
・取手・吊革
・段差
・乗客（高齢者）

10 身近な場所
SP

A コンビニエンスストア
・ガラス
・車の陰
・リーダー不足

C 量販店
・陳列物の落下
・転倒
・視界
・人の集中・不特定多数

B 図書館
・ガラス
・本の落下
・視界

28　グラッ！その瞬間どうする？！避難シミュレーションで命を守る！〜新しい避難訓練（シェイクアウト）とマニュアルづくり〜

新しい避難訓練　実践プログラム〜図上シミュレーション〜　第2章

身につく力
イメージ力　課題発見力

11 ビル街
SP

A 低層ビル
- 外部階段
- 津波のおそれ（避難ビル の選択）
- 入口の選択

C 市街
- ガラス
- 人の集中
- 群集心理
- 不特定多数

B オフィス街
- ガラス
- 人の集中
- 人の流れ

12 ショッピングセンター
SP

A ショッピングモール
- 人の集中
- ガラス
- ディスプレイの転倒
- 方向感覚

C フードコート
- 人の集中
- 額縁
- 床が滑りやすい
- パニック

B 駐車場
- 人の集中　・ハンドル
- 停車場所
- 視界
- 勾配

13 休日
SP

A 遊園地
- 身を守る場所
- 迷路的な構造
- ゆれに気づきにくい

C スタジアム
- 階段　・ゆれに気づ
- 人の集中　　きにくい
- パニック
- 群集心理

B ゲームセンター
- ゲーム機の移動
- ディスプレイの落下
- ガラス
- 迷路的な構造

「避難シミュレーションシート集」の使い方

判断・行動イメージシート

SP
8
9
10
11
12
13

29

3. どこにいても "その瞬間" 助かるために

14 大勢が集まる場所
SP

A スクランブル交差点
・人の集中
・方向感覚
・群集心理

C ホール
・人の集中
・出入口不明
・身を守るもの

B 劇場
・人の集中
・段差
・密閉性
・ゆれに気づきにくい

15 旅行
SP

A ホテルの部屋
・額縁
・窓が開かない
・閉じ込め
・避難経路不明

C 観光地
・石畳
・瓦
・広場がない
・人の集中

B ホテルの廊下
・エレベーター停止
・出会い頭
・視界

第2章 新しい避難訓練 実践プログラム〜図上シミュレーション〜

身につく力
イメージ力　課題発見力

16 玄関・昇降口
S

課題発見
- 段差
- 階段
- ガラス
- 傘立てが動く
- 視界
- 人の集中
- 靴の履き替え
- 低学年の集中

付加条件
- 学年が入り交じっているとき
- 休み時間など
- 子どもしかいないとき
- 外が大雨のとき
- 地域の人が入ってきたとき

17 廊下・階段
S

A 廊下
- ガラス
- 防火シャッター
- 出会い頭
- 滑りやすい
- 人の集中

C 廊下と階段
- ガラス
- カーテン
- 手すり
- 滑りやすい
- 人の集中

B 階段
- ガラス
- 落下
- 押し合い
- パニック

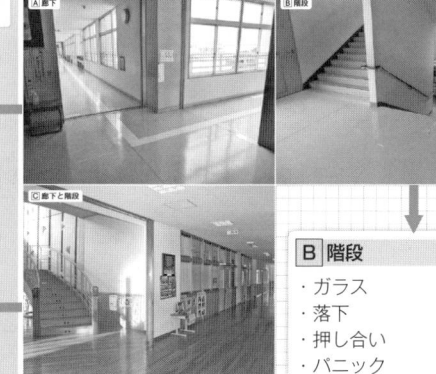

18 普通教室
S

課題発見
- テレビ
- ガラス
- 照明
- ロッカー
- フック
- 出入口に集中

付加条件
- 休み時間など子どもしかいないとき
- 給食の時間
- 発達障害の生徒児童がいたとき

「避難シミュレーションシート集」の使い方

判断・行動イメージシート

S P
14
15
S
16
17
18

3. どこにいても "その瞬間" 助かるために

19 理科室
S

課題発見
- ガラス
- ガス
- 実験器具
- ロッカー
- 身を守るもの
- 校舎の端

付加条件
- 朝の学活前や休み時間
- 子どもしかいないとき
- 持ち物を教室に置いてきている
- 外階段の使用

20 図書室
S

課題発見
- ガラス
- 照明
- 本の落下
- 長机
- 本棚転倒
- 通路

付加条件
- 子どもしかいないとき
- 少人数制授業のとき
- 地域開放のとき
- 放課後

21 PC教室
S

課題発見
- 段差
- 機械の落下
- イスが動く
- 履物
- ケーブル

付加条件
- 子どもしかいないとき
- 持ち物を教室に置いてきている
- 校舎の端にある

第2章 新しい避難訓練 実践プログラム〜図上シミュレーション〜

身につく力
イメージ力　課題発見力

22 校舎まわり
S

課題発見
- 段差
- 軒まわり
- 屋根
- 用具類
- 出会い頭
- 視界
- 狭い

付加条件
- 外部者が出入りしているとき
- 駐車場に車が停まっているとき

23 体育館
S

課題発見
- ガラス
- 照明
- ボール散乱
- 可動バスケットゴール
- ピアノ移動
- 滑りやすい
- 出入口が少ない
- 身を守るもの

付加条件
- 朝の学活前や休み時間
- 子どもしかいないとき
- 行事を開催しているとき
- 外部の人間がいるとき

「避難シミュレーションシート集」の使い方

判断・行動イメージシート S

19 20 21 22 23

○防災教育は、地域の特性や個々の状況を踏まえ、『「目の前の現実」から確かな情報を獲得し、自ら優先順位を判断し行動できる自立した人間』を育成することを目的とする。なお、要援護者に対しては、必要に応じて支援を受けながら自ら判断して安全確保行動ができるよう、防災教育において配慮することが必要である。
○防災教育は継続性が重要であり、自然の理や脅威について、子どもの頃から学び始め、大人になるまでにその中でどのように対応すべきかまで学び、さらに防災教育の指導者となったときそれをどのように次の世代に伝えるかまでの視点で考えることが必要である。そのため、学校教育の中で防災を一つの教科として位置付けるなど教育課程における防災教育の位置付けについて検討することも含め、判断力や行動力を身につけるための防災教育に一層取組むことが必要である。

内閣府／中央防災会議「災害時の避難に関する専門調査会」報告書より抜粋
「誰もが自ら適切に避難するために」（4）①各主体におけるそれぞれの防災リテラシーの向上
（＊下線　筆者）

3. どこにいても "その瞬間" 助かるために

16 オフィス空間
P

A エレベーターホール
- エレベーター停止
- 停電
- パニック
- 人の集中

C ラウンジ
- ガラス
- 電気スタンド
- 額縁
- 不特定多数

B オフィス
- ガラス扉
- 引き出し
- 通路がふさがれる
- キャビネット移動

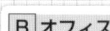

17 水まわり
P

A トイレ
- ガラス
- 閉じ込め
- 床が滑りやすい
- 1人

C 浴室
- 裸・裸足
- 滑りやすい
- 閉じ込め

B 洗面所
- 鏡
- 床が滑りやすい
- 照明

18 福祉・リハビリ
P

A 食堂
- ガラス
- 照明
- ものの散乱

C リハビリ施設
- ガラス
- 器具の移動
- 車椅子
- 杖
- 利用者
- 不特定多数

B リハビリ用プール
- ガラス
- 裸・裸足
- 滑りやすい
- 身を守るもの
- 羞恥

新しい避難訓練 実践プログラム～図上シミュレーション～ | 第2章

身につく力
イメージ力　課題発見力

19 エントランス

A 駅の玄関
- 車椅子
- 視界
- 人の集中・流れ
- 方向感覚
- 不特定多数
- 混雑

C 風除室
- ガラス
- 自動ドア
- 人の集中
- 閉じ込め

B 玄関
- ガラス
- 車椅子
- 車と人の整理
- 車が塞ぐ

20 パブリックスペース

A ロビー1
- イスが動く
- エスカレーター停止
- 不特定多数
- 高齢者

C セミナールーム
- 段差
- 狭い通路
- 人の集中

B ロビー2
- 天井落下
- ドアの開閉
- 不特定多数

21 病棟1

A 病室
- ガラス
- 患者
- 床頭台
- ベッドからの落下
- テレビ
- カーテン

C 廊下2
- 車椅子
- 身を守るもの
- 額縁
- 戸棚
- 出会い頭

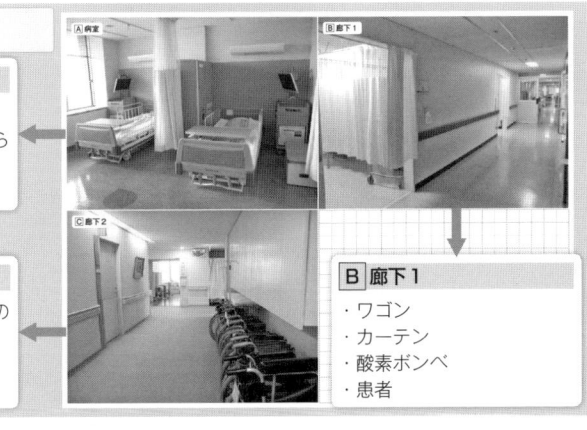

B 廊下1
- ワゴン
- カーテン
- 酸素ボンベ
- 患者

「避難シミュレーションシート集」の使い方

判断・行動イメージシート
P
16
17
18
19
20
21

35

3. どこにいても"その瞬間"助かるために

22P 病棟2

A 診察室
- ワゴン
- キャスター椅子
- ガラス戸棚
- ディスプレイ
- 引き出し

C 備品庫
- ワゴン
- 物品落下
- 棚の転倒
- 身を守るもの

B スタッフステーション
- 機材
- キャスター椅子
- 引き出し
- ナースコール

23P 検査・手術・ICU

A レントゲン室
- 吊り下げもの
- 点滴棒
- 停電
- 閉鎖
- 履物
- 台からの落下

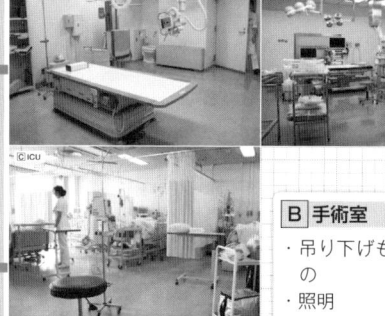

C ICU
- キャスターワゴン
- 機械
- カーテン
- カーテンレール
- 患者

B 手術室
- 吊り下げもの
- 照明
- キャスターワゴン
- 閉鎖
- 判断

地震が発生したときの行動

場所によって違う身の守り方

緊急地震速報を見聞きした場合や、地震の揺れを感じた場合にとるべき行動は、その時にあなたがいる場所によってそれぞれ違います。生活パターンの中のいくつかの場面を想定して、いざという時に適切な行動がとれるように、考えておきましょう。

家庭では
- 頭を保護し、丈夫な机の下などに隠れる
- あわてて外に飛び出さない
- 無理をして火を消そうとしない

人の大勢いる施設では
- 係員の指示にしたがう
- カバンなどで頭を保護する
- 割れ物の陳列棚から離れる
- あわてて出口に走り出さない

エレベーターでは
- 最寄りの階に停止させ、すぐにおりる

山やがけ付近では
- 落石やがけ崩れが発生しそうな斜面から離れる

屋外では
- ブロック塀など倒れてきそうなものから離れる
- 看板やガラス窓から離れる
- 頑丈なビルのそばにいる場合は、ビルの中に入る

自動車運転中では
- あわててスピードをおとさない
- ハザードランプを点灯し、まわりの車に注意を促す
- 急ブレーキはかけず、ゆるやかに速度を落とす

鉄道・バス乗車中では
- つり革、手すりにしっかりつかまる

津波避難所のマークを覚えておきましょう

海岸近くにいる時には、近くに津波注意のマークがないかどうか確認しましょう。
また、津波警報を聞いたり、強い揺れを感じたりしたらすぐに海岸から離れましょう。よく知らない土地でも、津波避難場所や津波避難ビルのマークを目印に避難してください。

津波注意	地震により津波が襲う危険のある地域であることを示します
津波避難場所	津波に対して安全な避難場所高台であることを示します
津波避難ビル	津波に対して安全な避難ビルであることを示します

出典：「みんなで減災」（内閣府）

４．自分の避難動線を考える【室内・建物・地域】

■ いざというとき「空間認知」が冷静な判断をうながす

　いざ地震が来たときに、どっちに逃げるか、どこに逃げるかと瞬間的に人は考えます。あっちの階段が近いのか、それとも向こうの階段が近いのか、瞬間で判断して人は最初に頭に浮かんだ方向に逃げます。しかし図面を見てみると、必ずしもその階段が近くないということが分かることもあります。あるいはその二つの階段以外にもっと有効な逃げ方があるということも図面を見ると発見することができます。自分の前に図面を置き俯瞰します。俯瞰とは大きく離れてその全体を見ることです。俯瞰してみると、距離や条件や障害など自分で考え判断できる避難のために必要な知識を得ることができます。実際の避難訓練をする前に、図を活かした避難イメージトレーニングをしましょう。

　右ページの書き方を参考に、実際にシートを使って書いてみましょう。

■ 「室内から」「建物から」「地域の高台へ」

　「図上演習シート」は、自分がどこからどこまで逃げるのか、逃げる過程にはどんな障壁があるのか、ということを考え、俯瞰してとらえていくためのシートです。

　まず、ごく身近な範囲で、室内から出入口（廊下）までいけるかどうかを確認します。次に、室内から建物の外へ出るまでの避難をシミュレーションしてみます。そして、最後は地域の平面図をイメージする図上演習です。

■ 室内における避難 … その瞬間、室内はどうなる、どうする？
■ 建物における避難 … 室から外へ…廊下、階段、通路、玄関など
■ 地域における避難 … 一時避難場所からさらに移動し高台へ

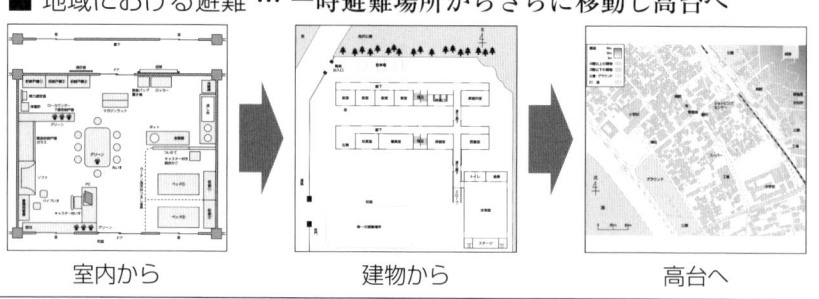

| 室内から | 建物から | 高台へ |

　３枚のシートが終わった後、自分の家、部屋、建物の平面図を用意して同じように図上演習をして課題を発見してみましょう。

図上演習シートの書き方…＜例＞リビングの場合

① 室内の課題を発見する。

② 地震発生後の様子を赤ペンで書き込む。

③ 自分のいる場所にしるしをつけ、そして、ゆれがおさまったあとの動線（人の移動ルート）を青ペンで書く。

4. 自分の避難動線を考える【室内・建物・地域】

■ まず室内でどう生きのびるか考える

　学校の保健室を例に室内における避難を考えてみましょう。

　突然強い震度で地震発生！部屋の中がどうなるのか？家具、什器などがどういう状態になるのか、重い家具が転倒する、ガラスが割れる、本や小物が床に落ち散乱する…その状況の中を逃げるということは、当然いつもの部屋を中を移動するのとはまったく異なる世界観を具体的に描く必要があります。倒れた家具や散乱したガラスの破片などを踏み越えたり、跨いだりという困難な様子を描き、その中で自分がどんな気持ちでどう動くのか考えてみましょう。

＜応用・発展＞
課題を変えてみる。
・ベッドに寝ている生徒が2人いる（低学年）
・豪雨の中の地震発生　など

「図上演習シート」の使い方

① 名前・実施日を記入する。

前提条件の設定

② 天候や気温、時刻など想定した設定を記入する。

地震発生からの行動

③ 地震発生時の様子がわかる動画を視聴する。(YouTube等活用)

④ 地震が起きたとき、この部屋がどうなるかイメージして赤ペンでガラス等の散乱、家具の転倒などをかきこむ。

⑤ 青ペンで自分の位置をかきこむ。

⑥ 青ペンで自分が室の外に逃げるときの動線をかきこむ。

⑦ 逃げる際に危険だと思う場所にすべてに印をつける。

⑧ 最も危険だと思う箇所とその根拠を下欄にかく。

⑨ 危険を回避するために出来ることを考えてかく。

★シート活用20分プログラム103P参照

新しい避難訓練 実践プログラム〜図上シミュレーション〜 | 第2章

身につく力
状況判断力　危険予測力　空間認知力

図上演習シート S

25 室内避難シミュレーション

氏名 ①　実施日

天候・気温等 [　　　]　時刻 [　← ②

1. 地震が起きたとき、この部屋がどうなるかかこう。
2. 自分の居所を決めて、図中にかこう。
3. 自分が逃げる経路を線でかこう。
4. 危険な箇所にすべて印をつけよう。

保健室

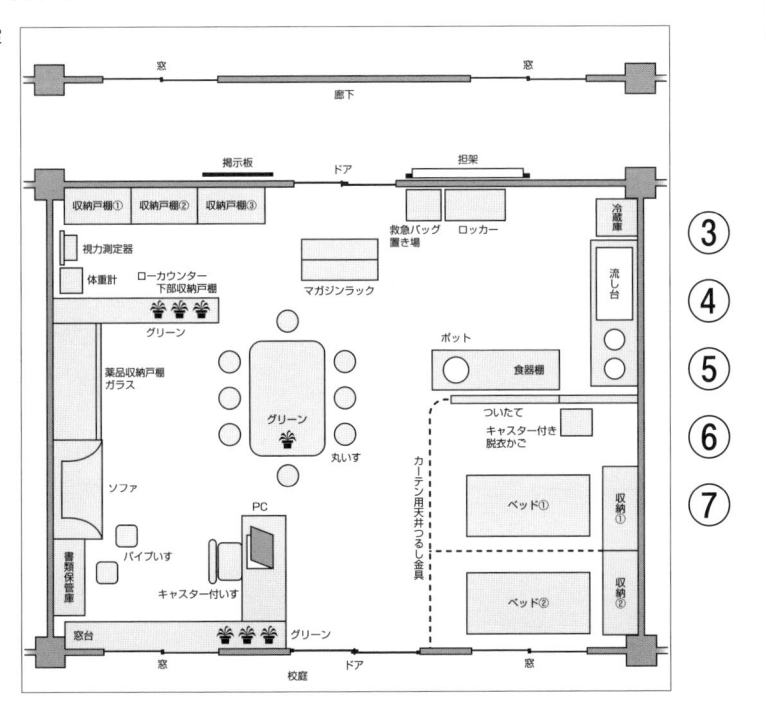

（見取り図：窓・廊下・掲示板・ドア・担架・収納戸棚①②③・救急バッグ置き場・ロッカー・冷蔵庫・視力測定器・体重計・ローカウンター下部収納戸棚・グリーン・マガジンラック・流し台・薬品収納戸棚ガラス・ポット・食器棚・ついたて・キャスター付き脱衣かご・ソファ・PC・パイプいす・書類保管庫・キャスター付いす・丸いす・グリーン・カーテン用天井つるし金具・ベッド①・ベッド②・収納①・収納②・窓台・窓・校庭・ドア）

③ ④ ⑤ ⑥ ⑦

〔課題発見〕一番危険だと思うところはどこですか，根拠をそえてかこう。

⑧

〔課題解決〕危険を回避するためにどうしたらいいですか？

⑨

「避難シミュレーションシート集」の使い方

41

4．自分の避難動線を考える【室内・建物・地域】

■ 建物から外へ出られるか考える

　部屋から出ると、そのとき廊下や階段はいつもとは様子がまったく違うのではないでしょうか。
　多くの人たちが、戸惑いと混乱の状態でいる可能性があるのです。その溢れ出た人たちが一カ所の階段に集中したり、廊下の角で交差し衝突する、また外への出入り口に最大数の人たちが押し寄せ、ガラスドアが割れる等様々な状況になる、このような状態のなか避難する、というリアルなイメージを頭に描きましょう。

＜応用・発展＞
設定を変えてみる。
・保護者参観日でたくさんの保護者が来ているときに地震がきた
・管理職が出張中
・発達障害の子が複数
・車イスの人と一緒　など

「図上演習シート」の使い方

①名前・実施日を記入する。

前提条件の設定

②天候や気温、時刻など想定した設定を記入する。

地震発生からの行動

③自分の避難ルートを青ペンでかきこむ。

④逃げる際に危険だと思う場所に赤ペンで印をつける。人の流れがぶつかる所、階段、廊下、防火戸etc…　49P参照

⑤最も危険だと思う箇所とその根拠を下欄にかく。

⑥危険を回避するために出来ることを考えてかく。

新しい避難訓練　実践プログラム～図上シミュレーション～　第２章

身につく力
状況判断力　危険予測力　空間認知力

図上演習シート 26　建物内避難シミュレーション

氏名　①
実施日
天候・気温等[　　]　時刻[　　]　②

1. 自分の居場所を決めて、図中にかこう。
2. 地震が起きたとき、自分が逃げる経路を線でかこう。
3. 危険な箇所にすべて印をつけよう。

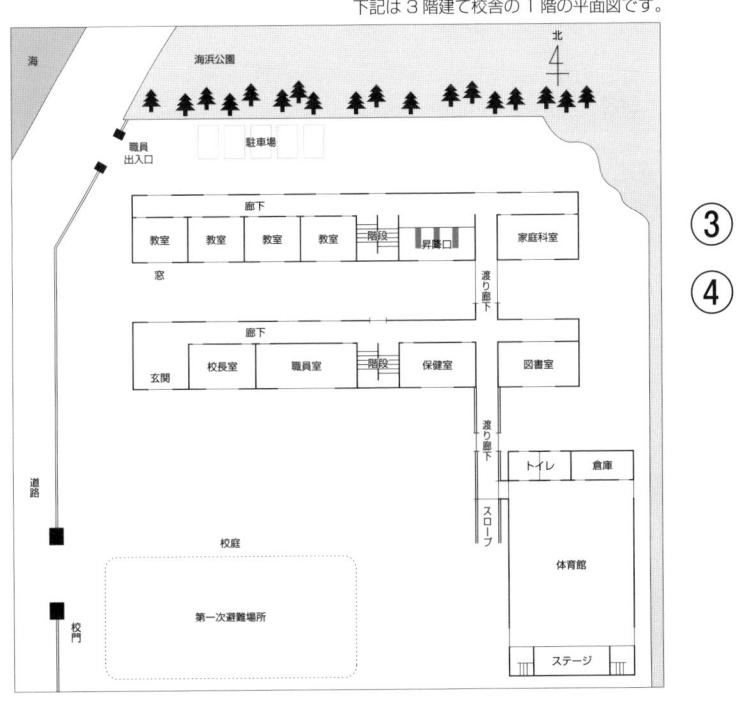

下記は３階建て校舎の１階の平面図です。

③
④

〔課題発見〕一番危険だと思うところはどこですか，根拠をそえてかこう。

⑤

〔課題解決〕危険を回避するためにどうしたらいいですか？

⑥

「避難シミュレーションシート集」の使い方

図上演習シート

S
26

43

4. 自分の避難動線を考える【室内・建物・地域】

■ より安全で高所へ避難できるか考える

大地震であれば、建物から外に出ることができたとき、その風景も変わっているかもしれません。溢れた水でいつも通っている道が通れない、建物の外壁や瓦が崩れている。幹線道路沿いなのか、住宅密集地の細い路上なのかによってもまったく異なる避難となります。

その中を通って逃げなければならないわけです。自分がどう動けるのか、誰かを抱えたり、車イスを押したりしながら逃げることができるのか、と状況を変えて考えてみることも有効です。

また、自分自身のパフォーマンスを客観的に見ることやその瞬間の心の状態も予測してみることもいるでしょう。

「図上演習シート」の使い方

①名前・実施日を記入する。

前提条件の設定

②天候や気温、時刻など想定した設定を記入する。

地震発生からの行動

③自分の居場所に印をつける。

④地震発生7分後に高さ5mの津波が来るという情報を得たと想定する。

⑤避難できそうな箇所全てに印をつける。

⑥避難経路を線でかきこむ。

⑦避難場所を選んだ理由を下欄にかく。

⑧避難経路を選んだ理由を下欄にかく。

歩行速度について

歩行速度に関しては、以下参照(歩く人は成人か子どもか、坂道か、歩道橋の有無などにより異なることを加味する)。「不動産の表示に関する公正競争規約施行規則」第5章　表示基準　第10条「物件の内容・取引条件等に係る表示基準」(8)(9)(10)[2] において、以下のように定められている。

徒歩による所要時間は、道路距離 80mにつき 1分間を要する(時速4.8km) ものとして算出した数値を表示すること。

<応用・発展>

- 学校教育、算数や社会などとクロスカリキュラムで行うこともできる。
- 「⑥の経路で何分くらい避難にかかるのか」と問うことで現実的に考えることになる。
- 「⑥の避難経路の障壁は何か」と問うことでイメージ力を高めたり、知識確認ができる。
- 雪の日、休日、夜間など条件を変えて行うことも有効。

新しい避難訓練　実践プログラム〜図上シミュレーション〜　第2章

身につく力
状況判断力　危険予測力　空間認知力

図上演習シート
S 27 地域避難シミュレーション

氏名 ①　　実施日

天候・気温等 [　　　] 時刻 [　　　] ②

◆1人でこの街にいるとき，震度7の地震が発生しました。
1. 自分の居場所を決めて，図中にかこう。
2. 地震が起きて7分後に5mの津波が来ることを知りました。あなたが避難できそうなところにすべて印をつけよう。
3. 避難経路を線でかきこもう。
4. 気づいたことをメモらんにかきこもう。

＜メモ＞

③ 標高 50m / 25m / 0m
④ 4階以上の建物
⑤ 3階以下の建物
⑥ 公園・グラウンド
　 川・海

避難場所を選んだ理由をかこう。
⑦

避難経路を選んだ理由をかこう。
⑧

「避難シミュレーションシート集」の使い方

図上演習シート

S 27
P 26

45

図上演習の考え方＜室内編＞保健室

◆ **図上で避難訓練をしてみよう！**
学校養護教諭だとしたら…
　グラッと地震がきたときの避難行動を具体的にイメージしてみましょう。助かるためにはいかにリアルにイメージできるのかがカギです。そのとき何を見て、どんな音が聞こえて、誰といて等々出来る限りリアルにイメージしてみましょう。
　ねらいは「イメージ力」「危険予測力」「判断力」「行動力」を高めることです。

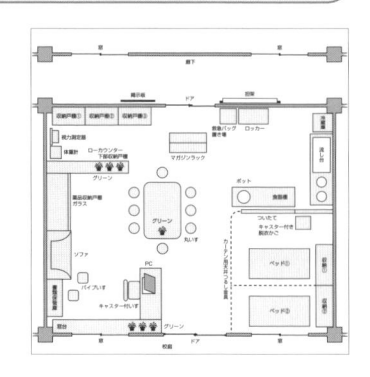

① まず保健室の環境チェック
　ほかの教室に比較してもガラス戸棚やビン、キャスター付きワゴンなど動いたり割れたりしやすいものがあるのが保健室です。1つひとつチェックしてそれが地震の際にどうなるのか五感でイメージしてみましょう。

② 地震発生"その瞬間"＝どうなるか
　地震が発生したときどんな状況になるでしょうか。ガタガタと不気味な細かい振動が…止むまもなくグラグラグラと揺れが発生、下から突き上げるような揺れもあり得ます。そのとき床の上を滑るもの、動いてしまうもの、倒れてしまうもの、ガシャンと落ちてくるもの、落ちないけどガタガタと音を立ててすごく揺れるもの、倒れたり落ちたりしなくてもベッドを囲むカーテンの吊り金具も音を立てるでしょう。多少の固定程度では完全とは言えませんし、普段使う、生徒たちと気軽に話をするテーブルや椅子は、滑るかのように動きだすかも知れません。（Aチェックリスト参照）

③ "その瞬間"＝物と人はどう動くか
　普段動かないものが動けばとっさに押さえたくなるものです。また生徒たちのほうに備品などが動き出しぶつかるようであれば、本能的にその一部を掴もうとするかも知れません。
　ベッドで休んでいる子どもがいれば、きっと「大丈夫よ！さあ机の下に！」「アタマを守って！」と言いつつ児童・生徒を自分の身体で覆いながらテーブルの下に潜ろうとするかも知れません。教室の出入り口のそばにヘルメットがあってもその瞬間には、無理なことでしょう。

④ 揺れ直後＝どう行動するか

　揺れが一旦収まりました。放送が使える状態であれば教頭先生の声で「校庭へ移動しなさい」という校内放送があるかも知れません。養護教諭は校庭の定位置へ救急バッグをもって行きます。その時保健室にいたのが、高学年であれば、救急バッグなど運ぶことを手伝ってくれようとするかも知れませんし、低学年であれば手をつなぐことが余儀なくされるかも知れません。（Bチェックリスト参照）

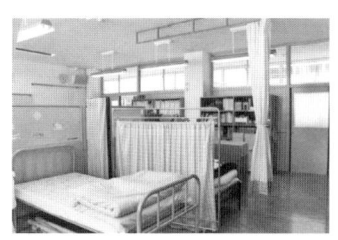

Aチェックリスト（課題）	Bチェックリスト（確認）
□事務机 □キャスター付き椅子 □机上のPC □部屋のまんなかにあるミーテング机 □スタッキングできる椅子、複数 □ソファ □ついたて □視力測定器 □薬品棚 □収納戸棚 □収納戸棚の上においた箱 □身長計・体重計 □ベッド2～3台 □健康雑誌など並ぶ本棚 □天井吊り金具とベッド用カーテン □冷蔵庫 □電気ポット、ティーカップ等 □窓辺に並べた鉢 □壁掛け時計 □天井の蛍光灯 □天井吊りエアコン	□救急バッグの置き場所は、他の先生も把握していますか？ □戸棚類や備品の固定はOKですか？ □薬品庫のガラスや窓には飛散防止シートは貼ってありますか？ □戸棚の上に箱など置いていませんか？ □机の下にものを置いていませんか？ □出入り口のそばに洗濯機などおいてませんか？ □津波・浸水の恐れがある場合、災害時に有効な備品、貴重品など濡れないよう工夫していますか？ □子どもの名簿だけでなく教職員の名簿も所持していますか？

図上演習の考え方＜建物外へ＞

◆ 一時避難場所への移動動線

　例え建物が損壊を免れた気配でも、地震後いつまでも室にとどまりっぱなしということはありません。学校であれば全員が集まり無事を確認するために子どもたちや教職員たちは、建物と離れた校庭の真ん中に近い「一時避難場所」に避難します。

　建物から外へ出るには、普段は問題がなくとも、大勢がいっぺんに移動することになりますから普段は通れるはずの廊下や階段や出入り口などに人が集中しパニックになる可能性もあります。一人ひとりや少人数のグループでバラバラで活動する場面も増えていますし、また子どもたちだけでなく他の学校との交流や地域の方などがいることも少なくありません。

　建物の中の課題のある箇所や発生し得る事態を想定してみましょう。

[役立ちヒント]

津波や浸水のおそれのある地域であれば各階の防火戸などに階数表示と共にその階の海抜表示を。防火戸が閉じた状態で避難訓練をしておく。

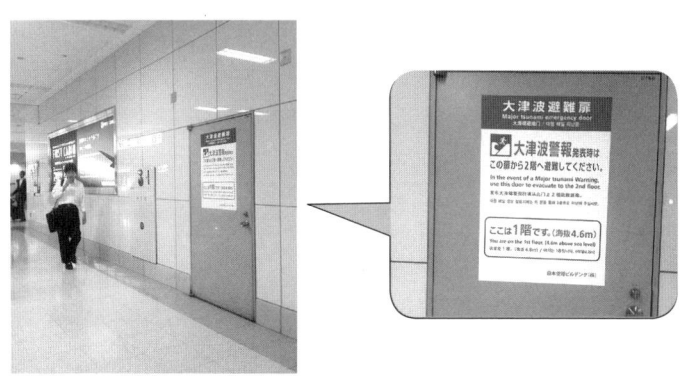

○「階段」の課題
　屋上など「上へ避難」ということであれば校庭へ避難する水平避難とは、まったく状況は異なります。階段は通常とは違う上階を目指す子どもたちの移動ですでに混雑に近い状況となる可能性があります。

○「廊下」の課題
　校舎間通路や玄関における動線の交差、滞留の問題。階段付近や校庭へ出るための動線の要となる場所に多くの子どもたちが集中することで混乱する箇所が発生します。

○「防火戸」の課題
　火災を感知すると閉鎖される形式の「随時閉鎖型防火戸」。これが地震時に以下のようなリスクにつながる可能性があります。避難する人は、閉まった鉄扉の「潜り戸」を手で押し開けて逃げることになる（防火シャッターの場合、そのそばに「潜り戸」があります）。潜り戸は幅が狭いので滞留してしまうことも予想される。
①地震時に防火戸が閉まると「塞がれた感」「使いにくい把手」「重い」ので開けにくい…焦りにつながる、パニックになりやすい、押した手を離すと重い扉がもとに戻り挟まれる危険を感じる。
②防火の潜り戸は下枠の高さがあるのでまたいで逃げるときにつまずく恐れが大きい。身体の小さい１年生にとっては楽ではなく、ゆっくり移動せざるをえない。さらにそこで沢山の人が滞留してしまう可能性がある。（写真）
③大地震の際、防火戸自体がはずれて廊下を塞ぐ可能性もある。

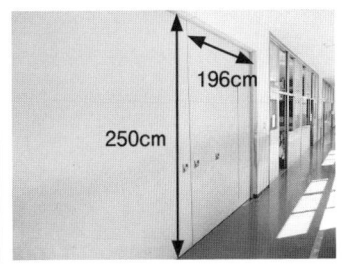

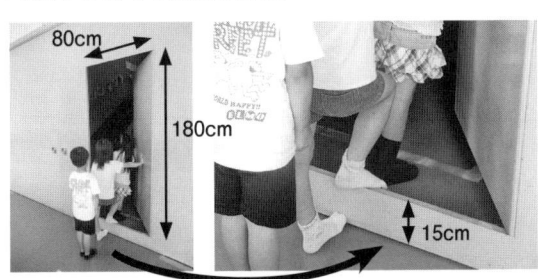

○低学年の移動の課題
　低学年の教室は１階にあることが多い。
約40ｍの廊下を歩いた場合…１年生（身長110センチ）35秒80歩／６年生（身長160センチ）30秒60歩
①１階の低学年をどう優先避難させるか。
②低学年と高学年では視界の高さが異なる。（見える世界が違う。ここを理解した上で、学校の避難の「おやくそく」や「表示」「色」「高さ」を再点検する必要がある）

写真　６年生と１年生では「視界」が違う

図上演習の考え方＜地域へ＞

　津波の恐れがある地域かどうかにより避難行動は変わりますが、津波は川を遡上する可能性がありますから、かなり海から離れていても油断できません。とにかく安全なより高いところへ迅速に避難します。

① 津波に対する「避難」の決断は？
　災害対応に正解もマニュアルも本来ありません。地域や状況によりまったく異なります。津波・浸水の場合はより高く、より早くが原則と言えます。「ほかに一切避難にふさわしい所がなく、やむなくいまいる学校の上階への避難か、それとも距離はあるが高台へむかうべきか」決断しかねる状況もあり得ます。
　そのときのために、屋上は標高何mなのか、過去の災害ではどうだったのか、低学年を連れての全校生徒の高台への避難にどれくらいの時間がいるのか、道ではなく畑を突っきったらどうなのかなどをできるだけ正確に把握しておきましょう。

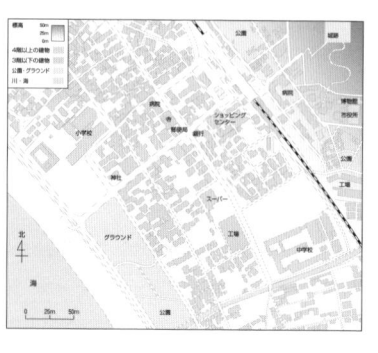

② 校庭から高台へ「分散避難」という選択も
　校庭などへ集合したのち高台への避難となるとき、三陸地方の言い伝えである「津波てんでんこ」（自分の責任で早く高台に逃げろの意味）を活かした避難行動もありえますが、通常は1つの集団として移動をとなります。複数のルートがあるならば、勇気をもって分散避難という選択も十分あり得ます。

　地震、津波、豪雨など自然災害はいつ起こるかわかりません。子どもたちが自分で自分の命を守るため、家にいるとき、外にいるとき、大きな災害が発生したその瞬間、ただ事態に翻弄され泣きつくすばかりでなく、自分の命は自分で守るという考えや意識をもち前向きな行動がとれること、困難な事態でも、一人でいるときでも、自分の頭で考え、判断し、行動することができる力を育てることを決意しましょう。

【検討課題】津波浸水時の避難の考え方

(A) 建物内避難：周辺に学校より避難場所として適切で「高い所」がない→「学校の上階（屋上）へあがる」
(B) 建物外避難：周辺に学校より避難場所として適切な「高い所」がある→「学校から出て安全な高い場所へ移動する」

■ 高所避難を想定した安全確認チェックリスト

☐ 津波浸水時の避難場所は決定しているか
☐ 津波浸水時の避難場所は周知しているか
☐ 複数の避難経路を確保しているか
☐ 避難経路の住民たちへ日頃から協力の呼びかけをしているか
☐ 分散して避難するという訓練の有無や日常の地域学習などを活かすなど工夫はあるか
☐ 必要な際は１階から素早く屋上に到着できるか。屋上出入口の鍵の管理はどのようになっているか
☐ 校庭への出入口の頭上「庇」や上階のバルコニー等からの落下の懸念はないか
☐ 履物はサンダルではないか、底が厚い靴か
　（場合によっては、そのまま裏山へ走って昇ることになるかも知れません）

5．危険箇所を根拠をもって考える

■ 避難時の危険とは
　地震になったとき、普段は問題のない所が危険になります。その要因はパニックになった人々が一気に押し寄せるといった人的なものと建築や設備の破損など物的なものがあります。

■ 自分がいる建物をリアルに検証する
　避難の際危険となる箇所について考えます。危険予測シートを使って、自分の建物の中にどんな危険があるか発見しましょう。そのために調査が必要になってきます。
　方法は2つあります。避難の時に使うと想定される全ての出入口を調べて、どこの出入口が最も危険なのかを考える方法。自分のいつも使う出入口からその危険を調べる方法。
　このシートをかくためには目の前の現実を正確に知る力が必要になってきます。今までの練習はノンスケールだったのに対して、これは長さなどをはかります。
　このシートで身につく力は、確かな情報を自ら手に入れ根拠をもって現実を見る力です。

「危険予測シート」の使い方

①名前・実施日を記入する。

前提条件の設定

②想定した"危険"の要素となる天候や気温、時刻などを記入する。

③寸法、材質、開き方などを調べる。(メジャー、デジタルカメラなど)

④よく通る人をかく。

⑤場所を具体的にかく。(○○棟の主玄関など)

⑥地震が発生したときそこがどうなるのか予測した危険をかく。

⑦なぜそう思ったのか根拠をかく。

⑧危険を回避するために具体的にどうするか出来ることを考え出してかく。

＜応用・発展＞
このシートはコピーして、複数枚用意します。グループで分担して調査して、危ない理由をかき込みます。それを比較して、一番危険な出入口を検討します。

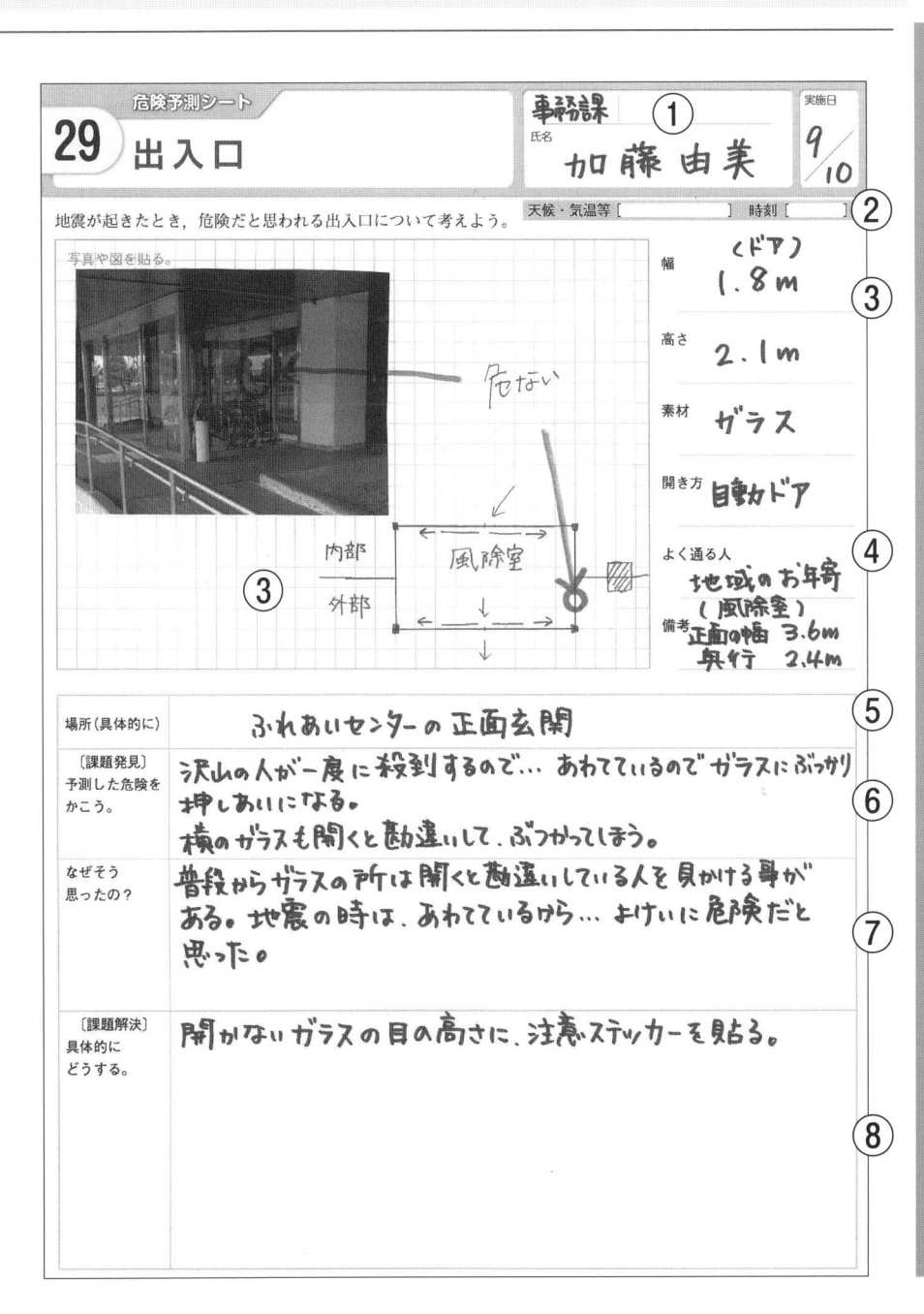

新しい避難訓練 実践プログラム～図上シミュレーション～ 第2章

身につく力
リサーチ力　危険予測力

危険予測シート

29　出入口

所属 事務課 ①
氏名 加藤 由美
実施日 9/10

地震が起きたとき，危険だと思われる出入口について考えよう。

天候・気温等 [　　　] 時刻 [　　　] ②

③

幅 〈ドア〉1.8m ③
高さ 2.1m
素材 ガラス
開き方 自動ドア
よく通る人 地域のお年寄 ④
備考 (風除室) 正面の幅 3.6m 奥行 2.4m

場所(具体的に)	ふれあいセンターの正面玄関	⑤
[課題発見]予測した危険をかこう。	沢山の人が一度に殺到するので…あわてているのでガラスにぶつかり押しあいになる。横のガラスも開くと勘違いして、ぶつかってしまう。	⑥
なぜそう思ったの？	普段からガラスの所は開くと勘違いしている人を見かける事がある。地震の時は、あわてているから…よけいに危険だと思った。	⑦
[課題解決]具体的にどうする。	開かないガラスの目の高さに、注意ステッカーを貼る。	⑧

「避難シミュレーションシート集」の使い方

危険予測シート

S 29
P 28

5. 危険箇所を根拠をもって考える

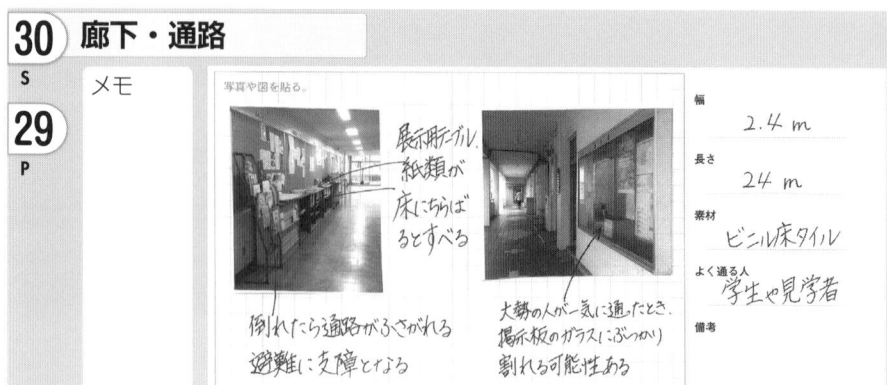

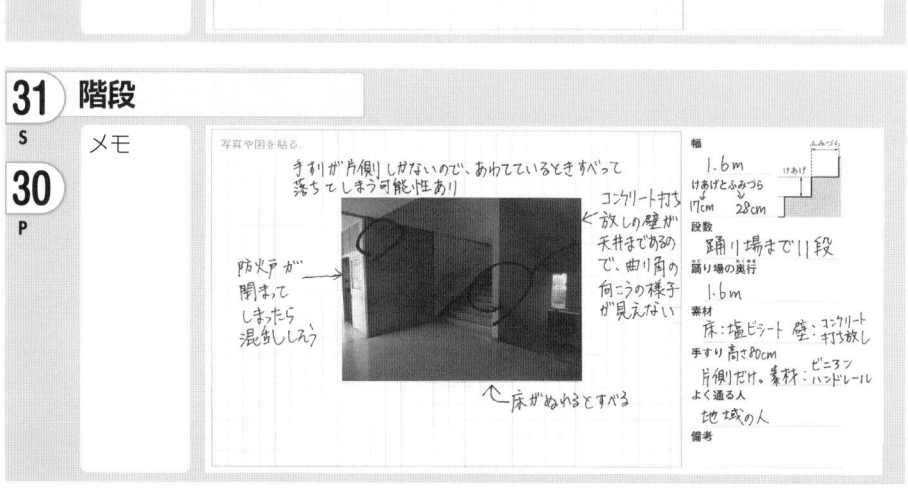

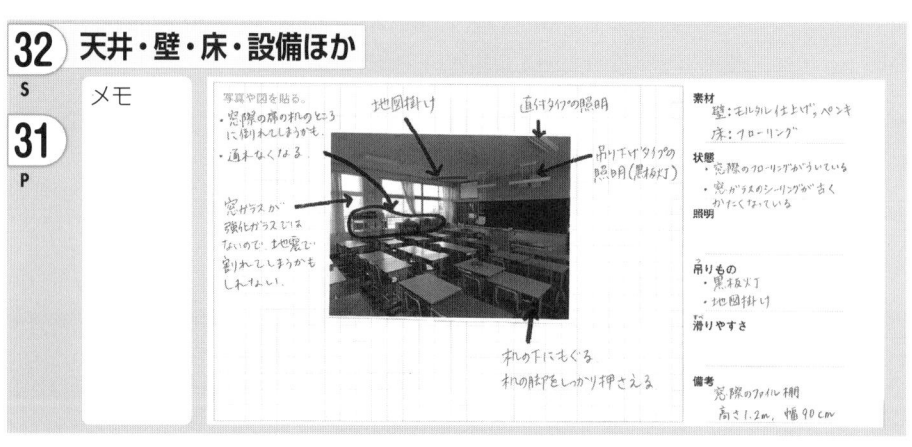

30 廊下・通路
S30 / P29

メモ
- 写真や図を貼る。
- 展示用テーブル、紙類が床にちらばるとすべる
- 倒れたら通路がふさがれる、避難に支障となる
- 大勢の人が一気に通ったとき、掲示板のガラスにぶつかり割れる可能性ある

幅	2.4 m
長さ	24 m
素材	ビニル床タイル
よく通る人	学生や見学者
備考	

31 階段
S30 / P30

メモ
- 手すりが片側しかないので、あわてているときすべって落ちてしまう可能性あり
- コンクリート打ち放しの壁が天井まであるので、曲り角の向こうの様子が見えない
- 防火戸が閉まってしまったら混乱しそう
- 床がぬれるとすべる

幅	1.6 m
けあげ	17cm / ふみづら 28cm
段数	踊り場まで11段
踊り場の奥行	1.6 m
素材	床：塩ビシート 壁：コンクリート打ち放し
手すり	高さ80cm 片側だけ、素材：ビニョンハンドレール
よく通る人	地域の人
備考	

32 天井・壁・床・設備ほか
S31 / P31

メモ
- 窓際の席の机のところに倒れてしまうかも。通れなくなる。
- 窓ガラスが強化ガラスではないので、地震で割れてしまうかもしれない。
- 地図掛け
- 直付タイプの照明
- 吊り下げタイプの照明（黒板灯）
- 机の下にもぐる
- 机の脚をしっかり押さえる

素材	壁：モルタル仕上げ、ペンキ 床：フローリング
状態	・窓際のフローリングがういている ・窓ガラスのシーリングが古くかたくなっている
照明	
吊りもの	・黒板灯 ・地図掛け
滑りやすさ	
備考	窓際のファイル棚 高さ1.2m、幅90cm

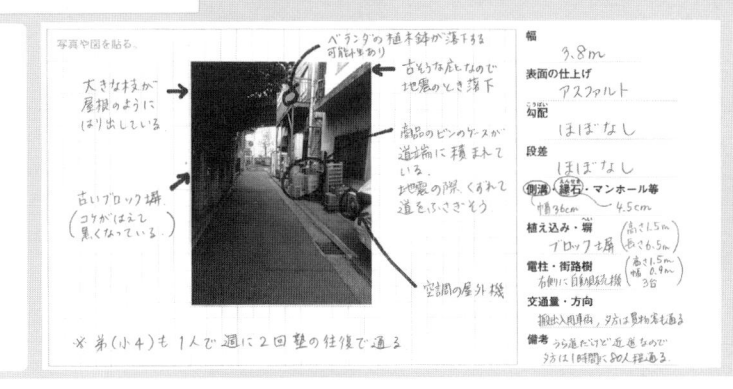

新しい避難訓練 実践プログラム〜図上シミュレーション〜 第2章

身につく力
リサーチ力　危険予測力

33 道
S
32
P

メモ

危険予測力…鍵は「状況の類似性、再現性」
グラッ！その瞬間どうなる！　動画サイトの活用

「その瞬間そこがどうなるのか」を予想できるといざというとき対応・反応しやすくなります。危険を予測できるためには、いろいろな体験やイメージを多く見たり聞いたりして既知としておくことが有効です。そのために「似た状況の揺れの動画」を見ておくことは、効果的といえるでしょう（状況の類似性、再現性）。

実験的に揺れを再現した動画や実際に東日本大震災時の室内の揺れが撮影された動画など、「グラッ！その瞬間どうなる！」をイメージできる有効な動画がたくさんwebにあります。検索してこの図上シミュレーションに役立てるとよいでしょう。

○揺れ方シミュレーション　（一般）

　検索：【防災シミュレーター】震度6強体験シミュレーション - 内閣府

　http://www.bousai.go.jp/simulator/shindo6/index.html

○揺れ方シミュレーション　（医療施設）

　検索：医療施設の震動台実験の動画「病院－機能保持をめざして」

　検索：大地震への備え－機能保持をめざして－想定外は許されない

　http://www.youtube.com/watch?v=K3lrmiiw8o4

55

5．危険箇所を根拠をもって考える

■　24時間を俯瞰し、一番危険な場面を考える

　自分の24時間のうち、最もいま地震が起きたら危ないという場面を考えてみる。場面を決めたら、具体的にどんな危険な状況になるか、そこで命を守れるためにはどうしたらいいのか"その瞬間"自分が出来ることを考えます。

■　どんな場面を選択するか

　「いま地震が来たら危ない」…この「いま」の選択は、単に危険度の高い場面、例えば地下鉄に乗っているとき、などを想定するとは限りません。自分のミッションや仕事を意識するなら「患者さんの車イスを押しているとき」や「低学年の子どもたちを引率しているとき」という場面の選択となることもあります。

■　俯瞰とメタ認知

　一日の自分の活動や状況を俯瞰して書き出すことに意味があります。いつ地震が起きたら一番危ないのか、という視点で自分と自分の周りの情景を思い浮かべます。その際、他の人や事物も危険要因となる可能性も含めイメージしましょう。そこにおける自分を客観的に見てください（メタ認知）。

「危険予測シート」の使い方

①名前・実施日を記入する。

前提条件の設定

②天候や気温、時刻など想定した日の状況をかく。

③24時間の行動を表に落としこむ。

④上を俯瞰し、一番危険の大きいシーンを選び、地震が起きたときどんな状況になるかわかりやすく、絵をそえてかく。（箇条書き）

⑤その状況で命を守るために出来ることを考えかく。

＜応用・発展＞

職場研修などでは、24時間ではなく、「出勤して職場の玄関に入ってから、勤務を終え玄関を出るまでの間」で考えてみる、という与条件のもと行っても有効です。
複数人で行い、かき終えたあと、「状況」や「時間帯」など共通する人で集まり互いに自分のシートを披露しあい、ベストな行動を考え出す、ワークショップも有効です。

新しい避難訓練　実践プログラム〜図上シミュレーション〜　第2章

身につく力
メタ認知力　状況対応力

34 危険予測シート　状況別避難シミュレーション

氏名 ① 若槻 徹　　実施日 5/27

地震発生時に起こりうる危険を予測しよう。
1日の行動を書こう。

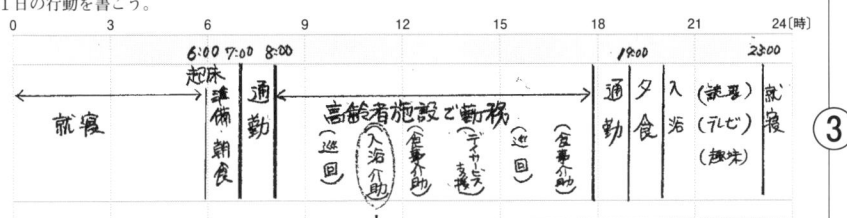

天候・気温等 [真冬の寒い日]　時刻 [10:30] ②

③
0	3	6		9	12	15	18	21	24〔時〕
		6:00 7:00 8:00					18:00	23:00	
←就寝		起床 準備 朝食	通勤	高齢者施設で勤務 （巡回） （入浴介助） （食事介助） （デイサービス支援） （巡回） （食事介助）			通勤 夕食 入浴	（課題） （テレビ） （趣味）	就寝

④
上の中から状況を1つ選んで、起こりうる危険をわかりやすく図などをそえてかこう。
○高齢者の入所者の男性の入浴介助を一人でしている時
・入所者は歩けず、はだかでシャワーチェアに座っている。
・浴室の床は、石けんやシャンプーでぬれていて すべりやすくなっている。
○地震によってシャワーから急に熱い湯が出てくることも考えられる。
○上からの落下物で、入所者がケガをするかもしれない。
○電気も止まり、体が冷えてしまうことが考えられる。

▽課題解決策

⑤
命が助かるためにどうするか、具体的にかこう
・シャワーをすぐに止める。
・頭を守るために洗面器等で守る。
・体がいすから落ちないように支える。バスタオル等をかけて体を守る。
・地震がおさまり安全が確保されたら、シャンプーを流し、体をタオルでふく。
・服を着て すぐに移動できるように待機する。
・入所者に常に声をかけ、安心させながら、体の変調がないか気をつける。

「避難シミュレーションシート集」の使い方

危険予測シート　S　34　P　33

57

6. 避難訓練とフィードバック

■ 状況の類似性

　シェイクアウト後に自分の行動や思考、気づきなどをフィードバックすることが大切です。「この状況下でグラッときた想定でこういう物で頭を身を守ることができた、そのときこう考え、こんなことに気づいた」ということをしっかり振り返り、あらためて最適な避難行動を考えてみることは有効です。その後、類似の状況でグラッときたとき頭の中で再現され素早い避難行動をとりやすくなります。

■ 避難行動の効果をあげる情報共有

　避難訓練に参加するということは避難が上手くできるようになることが目的です。そこにはスキルだけでなく知恵や方法、工夫などが必要です。それは自分一人でなく同じ状況下で経験した人と共有することが有効です。

　シェイクアウトは、様々な場所で様々な人が参加できることを特徴とします。その中には、看護師や教師など同じ立場の人もいることでしょう。シェイクアウト後に互いの避難行動や気づきを共有しましょう。そのためには、地震発生時にどうした？ゆれが止まったとき最初に何をした、なぜというような共有ができるためにフィードバックのフォーマットの存在が有効です。それが「シェイクアウト・フィードバックシート」です。

> **ポイント**
> 行動の欄には何を見て、何を言ったかどこからどこへどんな姿勢で動いたかなど一つひとつメタ認知をはたらかせてかく。

「避難訓練シート」の使い方

① 名前・実施日を記入する。

② 気候や気温、時刻などを記入する。

③ 一斉送信やケータイメール等で［地震発生］と情報を得たその瞬間どこにいたかをかく。「理科室、窓際の一番前の席」のように具体的に。そして行動を具体的にかく。その理由、その時の気づき・課題などもかく。

④ ゆれが収まった後の行動、その理由、気づき・課題をかく。

⑤ 津波、火災など「二次災害」の情報の後の行動、その理由、気づきをかく。

⑥ シェイクアウト開始から10分後、どこにいたのかをかく。その時の行動、その理由、気づきをかく。

⑦ シェイクアウトしてみて、気づいたことや課題に対し、具体的にどのように対応や解決をしていけばいいのか考えてかく。

新しい避難訓練　実践プログラム〜図上シミュレーション〜　第2章

身につく力
俯瞰力　課題発見力　課題解決力

避難訓練シート
S 35　シェイクアウト・フィードバック

氏名 ①
実施日 ②

イメージしていた避難と実際の避難行動を照らし合わせて考えよう。

天候・気温等 [　　　　]　時刻 [　　　]

	行動	その理由	気づき・課題
0分 地震発生	③		
2分 ゆれが収まりました	④		
6分 二次災害発生！	⑤		
10分 避難訓練終了	⑥		

課題解決策

どうすればいいと思う？
・
・ ⑦
・

「避難シミュレーションシート集」の使い方

避難訓練シート
S 35
P 34

59

6. 避難訓練とフィードバック

■ やりっぱなしの避難訓練にしない

やりっぱなしの避難訓練でなく成果を生む避難訓練にしましょう。成果とは、つつがなく避難出来た、ということでなく、何が出来て何が出来なかったか分かること。避難の課題が見えることなどです。

課題や気づきは人に考える力を与えます。考えてする避難訓練だからこそ本当に災害が発生したとき役立つのではないでしょうか。

■ フィードバックで課題発見

決められた通りに動くだけ…でなく一人ひとり「意志ある避難訓練」であれば各自がいろいろな気づきを得るのではないでしょうか、「A階段に予想していなかった人数が溜まっていて時間がかかった、何とか解消することはできないか」など。

■ 一つひとつの課題へ対応や解決策を考える

避難訓練で気づいたことや発見したことは、そのままにしないで一つひとつフィードバックして出来ることを考えます。「背の高い棚の上に物を置かない」というようにすぐにできるものもありますが、「避難場所でもある学校に地域の人が沢山避難してきて子どもたちへの対応ができなくなるかもしれない」などは関係する人々と共に解決策を考え出す必要があります。

「避難訓練シート」の使い方

① 名前・実施日を記入する。

② 避難訓練を行った日の天候や気温、時刻などをかく。

③ 避難訓練で気づいたことや課題を「通し番号」をつけて箇条書きで書く。

○「平面図」に上の通し番号をかきこむ。（71P参照）

④ ③と上の平面図をみんなで見て対応や解決策をかき出す。

⑤ 避難訓練をフィードバックし、自分の行動やふるまいなど改善・進化させたいことをかく。

★上で得られたことをマニュアルで活かす。

<応用・発展>
避難訓練で発見した課題を仲間と伝えあうことで、同じ避難訓練をしているのに、発見する課題の箇所や見方がみな違うことに気づき互いに学びあうことができる。

新しい避難訓練 実践プログラム〜図上シミュレーション〜 第2章

身につく力
俯瞰力　課題発見力　課題解決力

避難訓練シート 36 避難訓練・フィードバック

氏名：教員 ① 佐伯 浩二　実施日 9/13

天候・気温等 [晴れ 15℃]　時刻 [10:30] ②

避難訓練をふり返ろう。 ③

気づき・課題

① 階段のところで、たいへん混雑し、危険であることがわかった。
② 教室や廊下の窓ガラスが割れていることがあると想定できる。
③ 校舎から外に出る場合、上からの落下物に気をつけなければならない。
④ パニックになる子どもが出てくることが予想される。

保健室で寝たい、休んでいる子ども、特別支援学級の子どもなど配慮しなければならない。

欠席者、出席者の確認が必要である。

対応・解決策 ④

○ 必ず、低学年から優先して避難することなど一つ一つ意識統一をしておく。
○ シューズをはいておくことの指導が必要である。
○ 頭の上に本をのせる、帽子をかぶるなどの対処をする。
○ 的確な指示を明確に出すこと。養護教諭との連携を大切にする。
○ 職員室で、保健室にだれがいるか常に管理できる体制をつくっておく。
○ 毎日の数を職員室で管理するとともに、全校の数を表にまとめておき、避難する時、児童の名簿とともに持ち出すこと。

意志ある避難訓練ができるために今日から実践できることをかこう。（高めたい能力や身につけたいスキルなど） ⑤

・ 教室の中でなく、また、授業中だけでなく、いろいろな場や時を考慮した避難訓練を行う。
・ 必ず、訓練前に予想・イメージをし、訓練後、フィードバックすることを行う。

6．避難訓練とフィードバック

■　成長と評価
　防災教育も避難訓練も「すること」が目的ではなく「そこで必要な力をつけ成長していくこと」が目的です。一つひとつそのためにやりっぱなしにせず評価の観点と照らしあわせ客観的に自己評価をします。自分の成長や成果を自覚することで、違う状況における災害でも再現性が高まります。

■　ポートフォリオが評価のエビデンスとなる
　防災教育で使ったシートや災害や避難について集めた情報などはポートフォリオ（82p 参照）に一元化し、やったことを客観的に見られるようにしておきます。防災や避難について何をやって何をやってないか、どんなクオリティーだったかポートフォリオを見る事で根拠をもってフィードバックすることができます。

■　マニュアルに活かす
　防災教育で避難力を身につけ、考えながらする避難訓練ができるようになります。よりよい避難ができるための気づきや課題を発見します、関わる全員で対応や課題解決策を考え出します。それらを避難マニュアルに活かします。（70P 参照）

『避難訓練シート』の使い方

①名前・実施日を記入する。

②防災教育や避難訓練の年間計画を立て実施日を記入する。

③状況にあったシートを実施し、活動ごとに評価の観点と照らしあわせ自己評価する。

④自分の達成度を客観的にふりかえり、根拠を添えて記入する。

⑤自分の目標をもち、避難訓練を行う。その日のうちに自己評価する。（④と同じ）

⑥避難訓練で気づいたことや課題を図面と共に避難訓練をフィードバックする。

部署のメンバーと共有し、全員で独自のマニュアルにしあげていく。

＜応用・発展＞
評価とは俯瞰して価値を見出すこと
評価とは、結果を判定したり点数づけすることではなく、プロセスを俯瞰して「価値あること、大切なこと」を見出すこと…それを未来へ活かすために。

新しい避難訓練 実践プログラム〜図上シミュレーション〜 第2章

身につく力
課題発見力　課題解決力

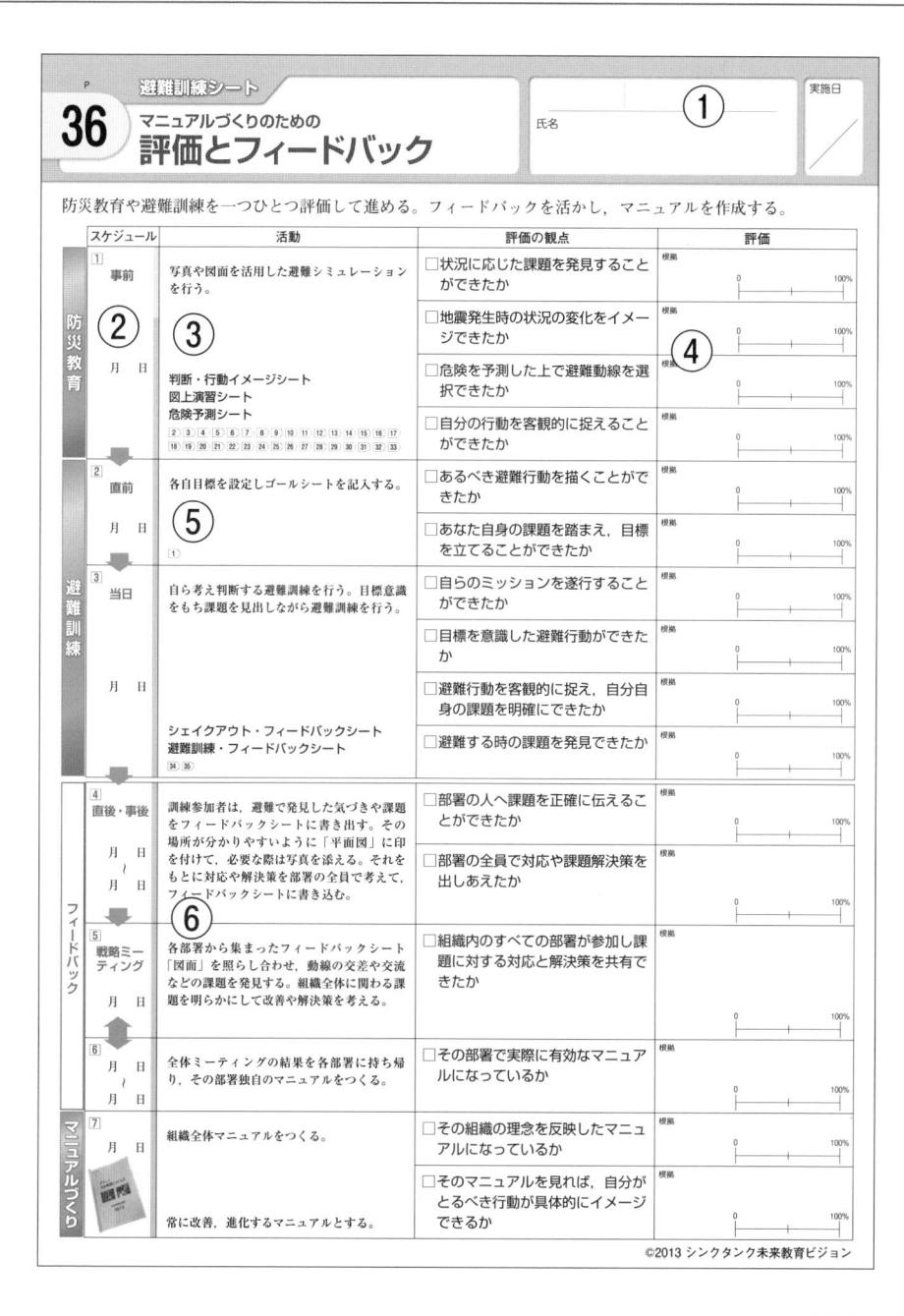

避難訓練シート

P 36 マニュアルづくりのための 評価とフィードバック

氏名　①　実施日

防災教育や避難訓練を一つひとつ評価して進める。フィードバックを活かし、マニュアルを作成する。

	スケジュール	活動	評価の観点	評価
防災教育 ②	①事前　月　日	写真や図面を活用した避難シミュレーションを行う。③ 判断・行動イメージシート／図上演習シート／危険予測シート 2 3 4 5 6 7 8 9 10 11 12 13 14 15 16 17 18 19 20 21 22 23 24 25 26 27 28 29 30 31 32 33	□状況に応じた課題を発見することができたか　根拠 □地震発生時の状況の変化をイメージできたか　根拠 □危険を予測した上で避難動線を選択できたか　根拠 □自分の行動を客観的に捉えることができたか　根拠	④ 0 〜 100%
避難訓練	②直前　月　日	各自目標を設定しゴールシートを記入する。⑤ ①	□あるべき避難行動を描くことができたか □あなた自身の課題を踏まえ、目標を立てることができたか	
	③当日　月　日	自ら考え判断する避難訓練を行う。目標意識をもち課題を見出しながら避難訓練を行う。　シェイクアウト・フィードバックシート／避難訓練・フィードバックシート 34 35	□自らのミッションを遂行することができたか □目標を意識した避難行動ができたか □避難行動を客観的に捉え、自分自身の課題を明確にできたか □避難する時の課題を発見できたか	
フィードバック	④直後・事後　月　日〜月　日	訓練参加者は、避難で発見した気づきや課題をフィードバックシートに書き出す。その場所が分かりやすいように「平面図」に印を付けて、必要な際は写真を添える。それをもとに対応や解決策を部署の全員で考えて、フィードバックシートに書き込む。⑥	□部署の人へ課題を正確に伝えることができたか □部署の全員で対応や課題解決策を出しあえたか	
	⑤戦略ミーティング　月　日	各部署から集まったフィードバックシートと「図面」を照らし合わせ、動線の交差や交流などの課題を発見する。組織全体に関わる課題を明らかにして改善や解決策を考える。	□組織内のすべての部署が参加し課題に対する対応と解決策を共有できたか	
	⑥　月　日〜月　日	全体ミーティングの結果を各部署に持ち帰り、その部署独自のマニュアルをつくる。	□その部署で実際に有効なマニュアルになっているか	
マニュアルづくり	⑦　月　日	組織全体マニュアルをつくる。常に改善、進化するマニュアルとする。	□その組織の理念を反映したマニュアルになっているか □そのマニュアルを見れば、自分がとるべき行動が具体的にイメージできるか	

©2013 シンクタンク未来教育ビジョン

「避難シミュレーションシート集」の使い方

避難訓練シート P 36

311震災以後に変えたこと ―宮城県校長会石巻大会にて

2012年11月8日の私のノートより

【3回目の石巻市立門脇小学校訪問】
2012年11月8日（木）　3回目の石巻市立門脇小学校訪問です。地震、津波、火災という、たいへんな状況下、当時学校にいた子どもたちは、先生方の的確な判断や日ごろの防災訓練のおかげで迅速に裏山へつづく石段（今回計ってみました、蹴上げ「100ミリ」×踏面「420ミリ」でした）を上がり避難することができ、その命は守られました。

【いま、やさしい中学生の先輩に見守られて…】 
今、子どもたちは門脇中の校舎で学んでいました。中学生は自分たちの校舎で学ぶ小学生たちのお兄さん、お姉さんとして、よき先輩として小学生たちをかわいがり、見守っていました。先生方もすてきな笑顔でお仕事されていました。「子どもたちを守ってくれてありがとうございます」といまも地域の方は、先生方へ感謝を伝えてくださるそうです。いま門脇小の子どもたちに、すべての子どもたちに幸多かれと祈ります。

すべての先生方へ心から感謝…　　鈴木敏恵

・携帯電話での緊急メールシステムを導入した。
・第2避難場所を変更した。農家と交渉して畑をつっきって逃げられるようにしました。
・カヌー体験活動で活用してきたカヌーとライフジャケットを2階教室に準備し、万一のときに備えている。
・バスに乗っているときに大地震が発生したときどのように対応するかマニュアルを作成中です。
・学校で作ったマニュアルを行政区長、公民館、消防団、交番などに配ってできる限り避難訓練に参加してもらうようにした。
・4月中に実施するように変えた。新しい職員にも避難訓練方法や場所を知ってもらうため。
・避難の保護者への引渡し訓練について前年度は「来れる人」の取り組みだったが、今年度は「必ず全員参加」にして実施した。
・体育館などの行事を行う時に参加者へ事前に避難の仕方について説明を行うようにした。
・いろいろなパターンの避難訓練と引き渡し訓練で意識化させている。

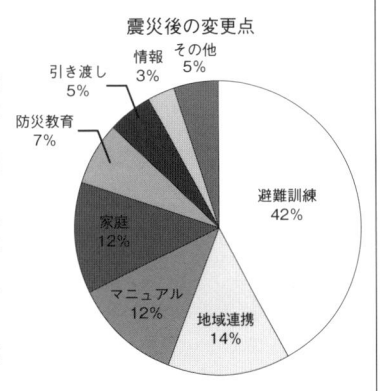

震災後の変更点

項目	割合
避難訓練	42%
地域連携	14%
マニュアル	12%
家庭	12%
防災教育	7%
引き渡し	5%
情報	3%
その他	5%

上は、私が宮城県小学校長会研究協議会石巻大会にてお話しさせていただいた際、校長先生方へのアンケート（311以降に学校で変えたことは何ですか？）の一部です。

写真：2012年9月
宮城県小学校長会研究協議会石巻大会
講演：鈴木敏恵
テーマ「考える力と自律性を高める防災教育」

第3章
みんなで現実に有効な避難マニュアルをつくる方法

情報が避難を決める！

1．いざというとき、使えないのはなぜ？

■ 与えられたマニュアルだけでは命が守れない

　市町村など自治体では、カラーのハザードマップやキャラクターなどで彩られた避難マニュアルなどを住民たちへ配布しています。それを見れば、自分たちが住んでいる地域のリスクや避難所やいざというときに身を守るための基本的なこと、例えば「頭を守り安全なところに避難しよう！」「常に避難袋を用意し玄関のそばに置いておこう！」など、を知識として得ることができます。しかし、そのマニュアルは与えられた最大公約数の内容が網羅されたものなので、"自分のところ"はどうしたらいいのかはわかりません。自分がいつどこにいるときに災害が発生するかにより当然避難行動は変わります。そのときにどう行動すべきか、どう行動できるのかという視点においては「こうすべし」というマニュアルは存在しないのです。

■ 大切な人を守るマニュアルの存在

　どこの施設でも防災マニュアルは持っていると思います。しかし、いざその瞬間にその防災マニュアルを読んでから行動するということは基本的にないでしょう。学校などの公的施設であれば自分の行動だけを考えることはなく、自分が守るべき子どもたちや患者たち、その施設を利用している人たちを誘導したり、と自分が果たすべきことが直結する働きとして機能されなければならないのです。一般的、抽象的な内容でもなく"自分"がとるべき行動の一つひとつがリアルに見えるものがあれば、ここにマニュアルの存在が意味を持ちます。リアルで具体的な内容であれば、そこに"自分"が見えればそのマニュアルをそばに置いて度々見ることにもなるでしょう。何回も見ていれば、"その瞬間"に頭に蘇り、その人にすべきことをさせることでしょう。

> ■これまでの防災マニュアルの課題と解決策
> ◇課題
> ・一般的な内容であり、自分ごととして使えるものになっていない
> ・一部の人だけでつくられている
> ・必ずしも全員が目を通していない、理解していない
> ・厚さが厚いので、あってもなかなか読まれない
>
> ◇解決策（ではどうしたらいいのか）
> ・自分の施設や部署の特異性、独自の構造や機能に対応したものとする
> ・全員参加でつくる
> ・わかりやすく簡潔な表現とする
> ・誰もが手に取りやすく、一目でわかるものとする

■ 自分やその施設にあった唯一のマニュアルを

　その瞬間に、頭の中に描かれていることが蘇って動ける、これがマニュアルの力です。また、その瞬間に最悪の事態とならないために、準備やその瞬間やその後を避難訓練などで頭に入っている状態にするためにも防災マニュアルは必要不可欠な存在と言えます。

　だから、一人ひとりが、自分ならどうする、ここにいたときグラッときたらどっちへ逃げる、自分一人だったら、あるいは守るべき子どもや患者が一緒にいたらという想定でリアルなイメージを頭に描き、それを全員が行い同じ施設・組織にいる全員と運命共同体として一元化し、それが反映されたもの、つまり部分知を全体知・集合知と変え、目に見えるものとしたもの、それが世界で唯一の自分たちだけにピンポイントの防災マニュアルとなるのです。

　このマニュアルは、防災委員会など一部の人がつくったものではなく、施設の全員が関わり、自分の所属する部屋などが見える図面を基に課題発見・課題解決をした知恵の結集、それがこの独自マニュアルなのです。自分が関わり作成されたものであれば気になりますから、そのマニュアルの完成後も一人ひとりが自分のものとしてその内容を見るはずです。そう、マニュアルは実はつくられるそのプロセスでこそ最も役に立ち、その後活かされるための価値に通ずるのです。

2. みんなで現実に有効な避難マニュアルをつくる！

■ 一人ひとりが考え、判断、行動できる力を

　様々な災害、どんな状況下でもその瞬間に生き延びることができるためには、何より自分の頭で考えることができる、自分の目で目の前の状況を見て即座に判断し、やっぱりこっちにいこう！こっちだ！と決断できる強い心と勇気を伴う行動力が一人ひとりの身につくような避難訓練、そしてその瞬間本当に使える防災マニュアルを考え出すことが必要なのではないでしょうか。誰もが一目で理解し使える防災マニュアルをつくるためには次のような手順で行うことが有効です。

■避難シミュレーションシートを活用したマニュアル作りの手順

図上演習シミュレーション

＜共有＞
↓
避難訓練
↓
マニュアルづくり
① 自分だけのオリジナルマニュアル
② 部署ごとのマニュアル
③ 施設全体のマニュアル

■ 課題解決型の避難訓練に変えよう

　実際の避難訓練の前に図上シミュレーションを行い、課題発見・課題解決策を思考したのちに行う避難訓練（以後「課題発見型避難訓練」と呼ぶ）は、事前に図上にて問題点や発生しうるリスクを多面的・俯瞰的に思考することができるので、実際の避難訓練のときには"ここが危ない"など考えながら逃げることができます。災害は二つと同じ状況はあり得ません。自分の目で見て考えながら逃げる避難訓練は実際の災害の時にも考えながら自分で目の前の状況から「あっ、こっちはだめだ」「ここは危ない」「やはりこっちにしよう」など頭の中で瞬時の試行錯誤をしながら逃げられる力を宿すことができます。

　自分の目で状況を把握し、考え、判断し、行動することができる、課題発見型の避難訓練に変えましょう。

■ 避難訓練をフィードバックし、使えるマニュアルをつくる

　病院であれば、その二十四時間のいつどんな状況で災害が発生するかによって、まったく避難や対応の状況は変わってきます。例えば朝の九時、外来に人が溢れているとき。午後三時、入院病棟に患者の家族がたくさん来ているとき。夜間の人出が最もないとき。検査室、手術室、病棟、廊下、リハビリの訓練室、食堂、ナースステーション等々、このいずれの状況においても共通して使える災害マニュアルはありません。図上シミュレーションや避難訓練のフィードバックを活かし各部署で自分たちで独自の避難マニュアルをつくります。

　マニュアルはその地域やその施設にあったものが必要です。誰かがつくって、これでやろう、というやり方ではなくて、一人ひとりが自分ならどうできるのか、を考え、同じ環境や仕事をしているみんなで考えながらつくることが大切です。そのことにより避難訓練をするときも、どこかに問題はないかと意識し考えながらするようになるでしょう。マニュアルは完成することが目的ではなく、それをつくる過程でそれぞれの防災の意識が高まること、普段も意識することが大切なのです。

　自分たちでつくったマニュアルだからこそ、役立ち、それぞれがどう動けばいいかがわかります。

4つの ポイント	・目標をもった避難訓練 ・避難訓練における課題発見を共有する ・自分が動ける独自のマニュアルづくり ・個人知を全体知にして進化するマニュアル

■ 自分たちで自分たちのマニュアルをつくる

　マニュアルとは、状況に即してどうしていいか行動や方法を示した手引書。避難マニュアルであれば、こうすればより安全に避難できると、わかるものです。どうすれば自分たちで自分たちのマニュアル、行動提案集をつくることができるのでしょうか。次に病院と地域の二つの事例を紹介します。いずれもプロジェクト手法を筆者が指導したものです。

2. みんなで現実に有効な避難マニュアルをつくる！

実践例：PBL手法[病院]…みんなで災害訓練を活かしマニュアル作成

一人ひとりの知（課題発見・解決）を全体の知にして…マニュアルを作成する

展開	活動内容
事前 **防災教育** （病院全部署） プロジェクト手法 ビジョンとゴール	 □プロジェクト学習の手法を理解する □一人ひとりが目標設定できる方法をつかむ □防災教育→避難訓練→マニュアルの流れを把握する 医師・看護師ほか全部署参加
図上演習/危険予測力	 □地震発生時のイメージ力 □現状の病棟内の危険を意識する □図上シミュレーションシートを使いイメージ力、課題発見力を高める ◎病棟見取り図（平面図・全体図）
	 前回訓練の気づきを活かし、発災直後のアクションカードを作成。応援依頼リストを作成、応援者への指示系統の作成。
（各部署） **避難訓練の目標設定**	 □各部署の「避難訓練の目標設定」 ◎ゴールシート 「スタッフ用、酸素使用中の患者搬送マニュアルが出来る」 「スタッフが的確に行動できる様提案します！」 「迅速な患者安否確認・安全確保の方法を提案します」等

第3章 みんなで現実に有効な避難マニュアルをつくる方法

展開	活動内容
当日・直前 避難訓練 （各部署）目標・確認	【目標をふまえ、全員が訓練の流れを理解し、当日の自分の行動の把握】 各部署で、訓練の目標を設定し全員が確認する。 　例：① 患者の安否確認方法がわかり、行動できる。 　　　② 病棟の危険箇所がわかり、実際に確認できる。 　　　③ 患者の避難路がわかり、確認して選択できる。 　　　　　　　　　　　　　◎ゴールシート◎各係・アクションカード
当日・開始 避難訓練 （全体）訓練・実施	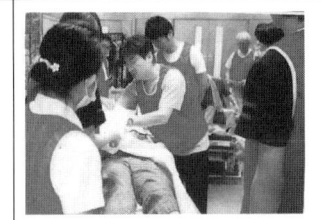 全員参加で、患者の安全と日常生活を守る！ 災害のシナリオに従って行動する。 ・全員に当日の流れを渡しておく ・アクションカードで行動する ・課題発見 　　　　　　　　　　　　　◎アクションカード
当日・直後〜 フィードバック （各部署）	 避難で気づいた「課題」をシートに書き出す。あわせて「平面図」に記号をつける。部署の人と対応や課題解決策を考え出す。 ◎課題シート ◎写真 ◎図面
フィードバック 全体 防災委員会 戦略ミーテング	 訓練参加者から集めた情報を一元化し、避難上で動線が交差する所など統合的に避難を考える。アクションカード、行動後の気づき、改善策、アンケートなどを報告し合う。ミーティングの結果を各部署に持ち帰り各部署のマニュアル充実させる ◎回覧シート　◎防災マニュアル
マニュアル改善 防災委員会 戦略ミーテング	 ・部署ごとのマニュアル整備の状況・活動内容などを、報告し合う【繰り返す】 ・進捗状況の報告 ・病棟マニュアルの充実 ・合同マニュアルの見直し ・次回防災訓練時のシナリオ作成に活かす

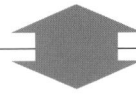

71

2. みんなで現実に有効な避難マニュアルをつくる！

実践例：PBL手法[地域]…市民がつくる[地震・津波への地域別対策集]
一時避難場所と避難経路の課題を見出す

展開	活動内容
準備 防災プロジェクト 共通意識を高める 住民同士の出会い	 □プロジェクト学習の手法を理解する □自己紹介、一人ひとりの防災や避難に対する願い、課題を出し合う □防災意識アンケート結果報告 □図上演習：参加者一人ひとりが自宅の危険を発見する
ビジョンとゴール 全体のゴール設定 住民同士チーム結成 チーム名を決める	 □**全体のビジョンとゴール** 一人ひとりの願いをもとにビジョンとゴールをみんなで決定してそこへ向かいます。 □**チームづくり** 地域の同じ課題意識で集まりチームをつくる。（地域の特徴が課題の5ブロックにわけた。） □**チーム名を自分たちで考える** 　　テレビ局周辺チーム 　　丸池公園チーム 　　学校周辺チームなど
チームビルディング **計　画** チーム活動の計画 チーム間で発表共有	  □ **チームごとに計画書作成** 8才から80才に至る豊かなメンバーが一人ひとり自己紹介のあと、チームビルディング。 チームごとに計画をたて調査や活動を決める。次回以降の打ち合わせの「日時、場所」をこの日に決めることが市民プロジェクトを進行させるコツ。 計画などを模造紙にかきチーム間で発表し合い共有する。 ◎ ゴールシート ◎ 地域の白地図

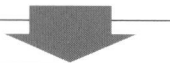

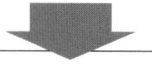

72　グラッ！その瞬間どうする?! 避難シミュレーションで命を守る！ ～新しい避難訓練（シェイクアウト）とマニュアルづくり～

第3章 みんなで現実に有効な避難マニュアルをつくる方法

展開	活動内容
情報・調査 チーム活動スタート チームで町歩き 一時避難ビル調査 避難経路の課題発見 ↓ 定期的に全体共有	    津波：一時避難ビルを探す目安（以下を満たす） ○【鉄筋コンクリート造】が望ましい ○ 4階以上（その地の海抜に注意）□外階段有り（登れるか） ○ 昭和58年以降築が望ましい 　　（1981年／S56年6月建築基準法施行令改正／新耐震）
プレゼンテーション 地域の人々へ伝える	 □チームごとに地域住民たちへプレゼンテーション実施 当日のアンケートから ・住民目線だと細かいところまで対策できていい ・地域の年代層や状況がよくわかった ・たくさんの人と知り合えた
知の成果 市民がつくる市民のための 「津波・地震対策集 地区の一時避難建物 と避難経路の課題」 ↓ 本格的な活動につながる	 チームごとに「該当地区の津波が発生した際の避難経路の課題を調査」「該当地区の4階建て以上のビルを調査した地図を作成」

3. シェイクアウトから一斉フィードバック

■ どこにいても同時避難行動…新しい避難訓練「シェイクアウト」

「シェイクアウト」とは、アメリカで考案された、様々な人がそれぞれのいつもの活動や生活をしている場所で地震発生の瞬間に身を守る、一斉同時に行う避難訓練（14P参照）です。

■ 避難行動を共有する「未来教育シェイクアウト」とは

一斉避難訓練を初動10分間に限り、パーソナルメディアを活用しながら全国で同時に行う避難訓練で、地震発生から０分，２分，６分，10分を区切りとして，その瞬間の避難行動をおこないます。やりっぱなしにせず、避難訓練終了後フィードバックタイムを設け、動画中継をしながら情報を共有し、より安全な避難に向けて情報を共有できる点で、リスク特性を横軸で共有することで見えてくるプロジェクト型発想です。

０分「震度〇〇の地震発生」その瞬間、どう身を守ったのか、そのときどんなことを考えたのか、６分「二次災害の可能性があります」、何をみてどんな判断をしたのかなどをメモや映像、音声などで記録します。知覚、思考、行動などを意識し、メタ認知をはかります。

■ フィードバックで個人知を集合知に

シェイクアウトしている間、人はいろいろなことを考え行動します。とくに、教師や看護師など身近に守るべき人をもっている立場の人たちは、自分がすべきことが次々と頭に巡ります。その瞬間、揺れが止まったとき…何を考えどんな指示や励ましを伝えるのか…同じ立場（たとえば校長先生）や環境（たとえば海際の学校など）の人同士が知覚、思考、行為を共有することで気づきや発見を得ます。一斉告知の情報獲得、記録、フィードバック、共有などにスマートフォンなど身近なメディアを使います。個々の避難行動や思考を共通の基盤にフィードバックする、ここをデザインしたものが未来教育シェイクアウトです。

プロジェクト学習の３つの特徴
- ◇ ビジョン（目的）とゴール（目標）
- ◇ プロジェクト学習の基本フェーズ
- ◇ 他者に役立つ知の成果物を生む

◆シェイクアウトの手順

事前準備	避難シミュレーションをする。	「避難シミュレーションシート集」 判断行動イメージシート、図上演習シート
避難訓練当日	災害のシナリオを発表する。 リーダーには当日の流れを渡しておく。 地震発生、2分後、6分後、10分後の行動をチェック	「避難シミュレーションシート集」 避難訓練シートS34（P33）
翌日〜1か月後	避難時の課題や気づきをまとめ、対策が必要な内容について、同じ部署の人から意見を聞いてまとめる。	「避難シミュレーションシート集」 避難訓練シートS35（P34）、S36（P35）
1か月後	合同フィードバックミーティング 避難訓練参加者が、自分の勤務部署から集めた災害防止策を報告し合う。	
〜2か月後以降	ミーティングの結果を各部署に持ち帰り、分析し、セクションごとのマニュアルを作成する。	

4. 避難と情報…センシング能力を高めよう！

　必要な人や場所に緊急地震速報などが伝わらないという課題があります。とくに学校や病院はその施設の性格から情報閉鎖空間とも言えます。最新のICT導入以前に、職員室、体育館、ナースステーションなどでごく普通にテレビを視聴できる環境にしておきましょう。

■　大切な人を守れるために…「センシング能力」を高めよう！

　いざというとき、学校や病院などで大切な人の命を守るミッションがある人、とくに判断、指示する立場にある管理職は、防災無線やテレビやラジオ、教育委員会や役所からの情報をきく、というだけでは足りません。いつでも自らの知覚を敏感に保ち、携帯電話・スマートフォンなどで積極的に情報を獲得できるセンシングとも言える能力を高めることが、避難行動を決定できるために必要と言えるでしょう。例えば津波では、行動が早い方が津波遭遇の危険性が少ないと言えます（資料１）。素早い判断や行動のためには「適切な情報（危機感を抱くような情報）」の獲得が密接に関係していると言えます。大切な人の命を守る人は、適切な避難のためにも情報感度を磨きましょう。

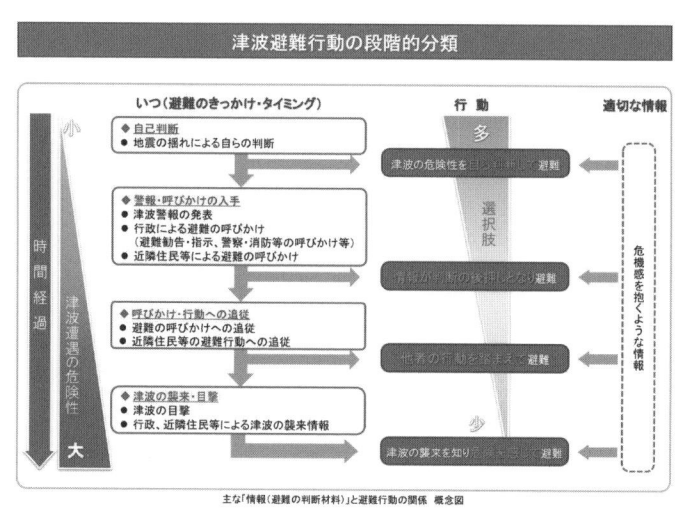

津波避難行動の段階的分類

主な「情報（避難の判断材料）」と避難行動の関係　概念図

資料１：「主な情報と避難行動の関係概念図」中央防災会議 防災対策推進検討会議／津波避難対策検討ワーキンググループ報告

■〈実践例〉学校中の全職員がスマホ LINE を使った避難訓練

学校における災害発生時の情報収集や情報共有をどうすればよいか考えている中で、シンクタンク未来教育ビジョンによりスマホを企業から貸していただけることになり、職員全員がスマホという環境を作りました。

⬇

避難訓練が始まると職員室と各教室間で LINE を使って情報共有を開始しました。
・教室6か所
・職員室
・廊下（避難経路確認者）
・二次避難場所（雨天のため体育館）

⬇

避難訓練開始後、安否確認や避難経路の確認、避難指示を LINE 上で行いました。
今回は、校内放送が地震の被害によって使えないという設定でしたが、全職員がスマホの情報を共有して訓練を行いました。

⬇

情報共有にスマホのアプリを活用する際、音声入力を活用すると文字入力も簡単にできました。校内放送が使えない場合の一斉の情報伝達や各場所の情報共有のツールとして有効であると感じました。
子どもの命を預かる学校現場で、日頃から情報を積極的に得るためにスマホやケータイを管理職自ら胸のポケットに入れておくことが危機管理の意識としても広がっていくことを願っています。

校長　若槻　徹
島根県奥出雲町立八川小学校
（前　島根県教育庁教育課生徒指導推進室指導主事（学校安全担当））

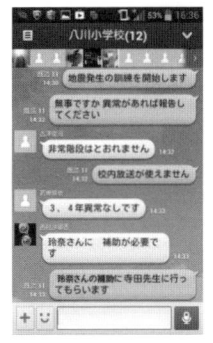

＜実践者の声＞
プロジェクト手法による新しい避難訓練を実践してみて…

訓練をフィードバックする大切さ

大西　潤子
青梅市立総合病院 看護局長

　具体的な目標を設定し災害訓練に望みました。各部署では、自作のアクションカードやチェックリストを訓練で実際に試し、フィードバックして、より使えるマニュアルに高めていこうとしています。また訓練で得た「気づき・課題」に対して「課題解決策」を考え出し、フィードバック、共有することを考えています。やって終わりの訓練ではなく、課題を一つひとつ解決していく、この重要性を実感しています。この過程を繰り返すことにより、マニュアルの独自性・信頼性が高まるだけでなく、スタッフが自分で見つけた問題に対して主体的な思考や行動にもつながると感じています。

大切な子どもたちを守るために

安藤　宏幸
現在　西条市立丹原小学校長
元　西条市教育委員会学校教育課長

　地震が発生した時、学校の校長として一人の教師として、大切な人を守るという重要なミッションがあると思っています。今までの訓練だけで、果たしてこのミッションを果たすことができるでしょうか。目の前の危険と向き合い自分自身のパフォーマンスを向上させていくところからスタートし、防災教育、避難訓練と一連で行う…このプロジェクト手法のSP(シミュレーションプログラム)の方法は、セルフコーチング力とセンシング能力を高めることができると感じています。そして、訓練だけで終わるのではなく、防災マニュアルという「自分たちに役に立つ成果物」を生めることにもすばらしさを実感しています。センシング能力を高めることは新しい防災教育の視点になるばかりでなく、大切な子どもたちを守るための危機管理の鉄則にもなると考えます。

第4章
思考力・判断力が身につく防災教育

「思考スキル」　「地域」　「国語」
「情報活用」　「説明」　「課題」
「記録」　「要約」　「目的」
「根拠」　「論述」　「総合的な学習」
「分類」　「関係」
「理由」　「比較」
「コミュニケーション力」　「他者」　「社会」
「意図」　「推敲」
「自然」　「編集」
「観察」

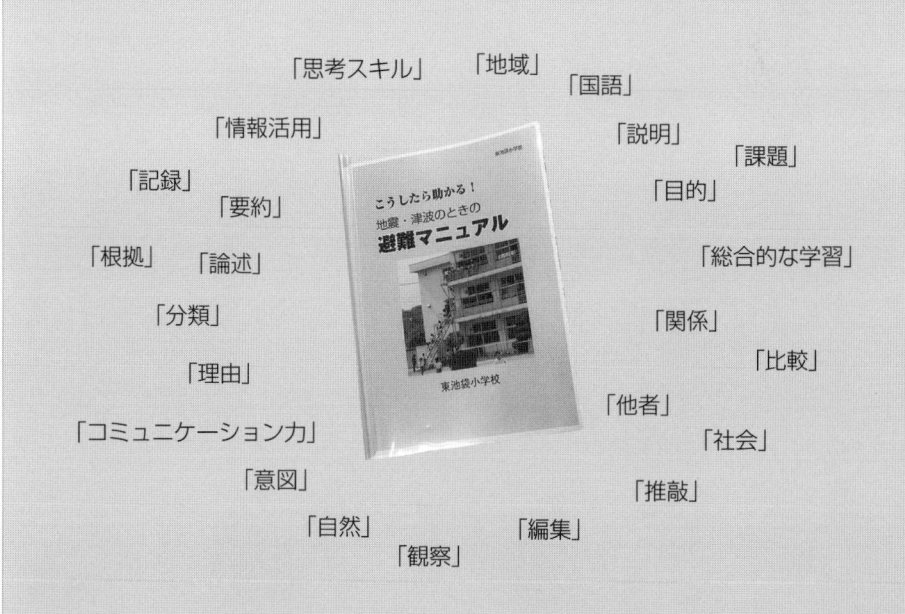

1. 主体性と考える力をつける防災教育を！

■ 生きるために必要な新しい教育

　グローバル時代、あらゆる領域で知識創造が求められるいま、つねにゼロベースで物事を捉え本質や普遍性を備え能動的に考え判断、行動できる新しい教育が期待されます。一方、多発する自然災害に対し、防災教育の重要性が高まっています。子どもたちが一人でいるときも地震・津波など災害は発生します。これまでの教師主導の知識提供による受動的な授業や集団避難訓練ではなく、自ら考え、判断して動ける防災教育が生きるために求められます。これらは、いわゆる「安全教育」の中だけで身につくものではなく「教科」や「総合的な学習の時間」など日々の授業に織り込まれるようにして初めて身につきます。

■ 自ら考え、判断、行動できる力

　社会状況やOECDのPISAなどを反映し教科書も大きな変化を見せています。すべての教科に「思考力・判断力・表現力（言語活動の充実）」「知識の活用力」を高めることを意図したページ、なかでも、教科「国語」に比重が高く、「記録、要約、説明、論述」など自ら獲得した情報をもとに自ら考え判断、表現する「思考スキル・情報活用」のページが増加しています。また「総合的な学習の時間」では、改めて課題発見力、課題解決能力の育成が重視されています。ここに有効なのが「防災」を題材にしたプロジェクト学習の手法です。

プロジェクト学習
課題解決／目標達成

- **思考力・判断力・表現力**
  言語活動の充実
  国語 各教科
- **意志ある学び　コンピテンシー**
- **課題解決力**
  主体的・協同的
  総合的な学習

思考プロセス
ポートフォリオ

■ これからの防災教育の方向性

これまでの防災教育……与えられた学び
- ◇ 教師主導の授業で「知識」「スキル」
- ◇ 集団避難訓練
- ◇ 単発的で継続性がない
- ◇ 講演、イベント

現状
　　学力低下への懸念
　　⬇
課題（目指す学力）
・**思考・判断力**
・**知識の活用力、応用力**

これからの防災教育……意志ある学び
- ◇ 自立・自ら考える力
- ◇ イメージ力
- ◇ 情報獲得力、状況判断力
- ◇ 課題発見力、課題解決力

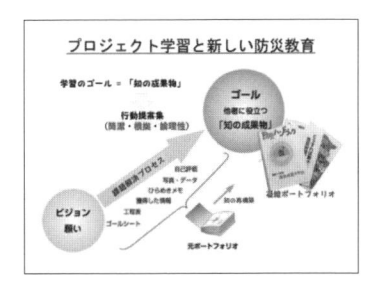

俯瞰・部分知から全体知、関係知

自分で気づき、自分で情報を得、自分で考え、先を読み、判断し、動ける、声が出せる、他者へ伝えられる！

プロジェクト学習
ポートフォリオ評価
セルフ・コーチング

学力 + 考える力 + 防災力 = プロジェクト学習「防災教育」

1. 主体性と考える力をつける防災教育を！

■ 新しい防災教育はプロジェクト学習で！

プロジェクト学習とは「何のために何をやり遂げたいか」という目的と目標を学習者自身が明確にもち、課題を解決していきながらゴールへ向かう「意志ある学び」を叶える手法です。

総合的な学習の時間や様々な教科で使える手法であり、現在、学校における総合的な学習の時間や教科において、また医療界の人材育成など社会で広く導入されています。

現実の中から課題を見出し課題解決するためにコンピテンシー（知識を現実に活かせる力、活用力、応用力）を高めます。

「防災」を題材にプロジェクト学習を行う効果

◇主体性：災害という命に関わることなので意欲的に向かう
◇現実対座：目の前の現実から情報を獲得する力が身につく
◇俯瞰：部分的な知識ではなくものごとを全体的にとらえる
◇判断力：多様で複合的な観点から判断する能力が高まる
◇自尊感情：貢献性のある成果へむかう、役立つ自分の存在
◇コンピテンシー：知識を現実に活かせる力、活用力、応用力

■ 学習のゴール＝他者への貢献

プロジェクトの最大の特徴は学習のゴールとして「他者に役立つ知の成果物」を生み上げることです。例えば「避難」を題材にした場合、「学校のみんなが助かるために最適な避難を考え出し「『避難マニュアル』をつくる」がプロジェクト全体の目標となります。そして同じ課題意識の人でチームをつくり、課題を反映したチームの目標をかかげます。目標へ向かうプロセスで考えたことや手に入れた情報を手に入れポートフォリオ（ゴールへ向かう活動や情報を一元化するファイル）へ入れていきます。チームで課題解決策を考え出しプレゼンテーションをした後、こうしたらいいという具体的な方法を提案する「避難マニュアル」などを作成します（84p 参照）。

第4章 思考力・判断力が身につく防災教育

■ 「防災」を題材にしたプロジェクト学習の展開

　プロジェクト学習の基本フェーズで学習過程を展開することで意志ある学びを叶えます。最初に「準備」のフェーズで「課題」を発見します。「ビジョン・ゴール」のフェーズで、避難マニュアルをつくるというような「目標」を決め、同じ関心の人でチームをつくり、チームの目標と計画を考え出します。「情報・解決策」のフェーズでは情報を手に入れ考えを出し合います。「制作」、「プレゼンテーション」のフェーズ、そしてプレゼンで終わらずに「避難マニュアルをつくる」「再構築」のフェーズ、最後に学習者自身が「成長確認」をして「身についた力」を自覚する時間を設けます。

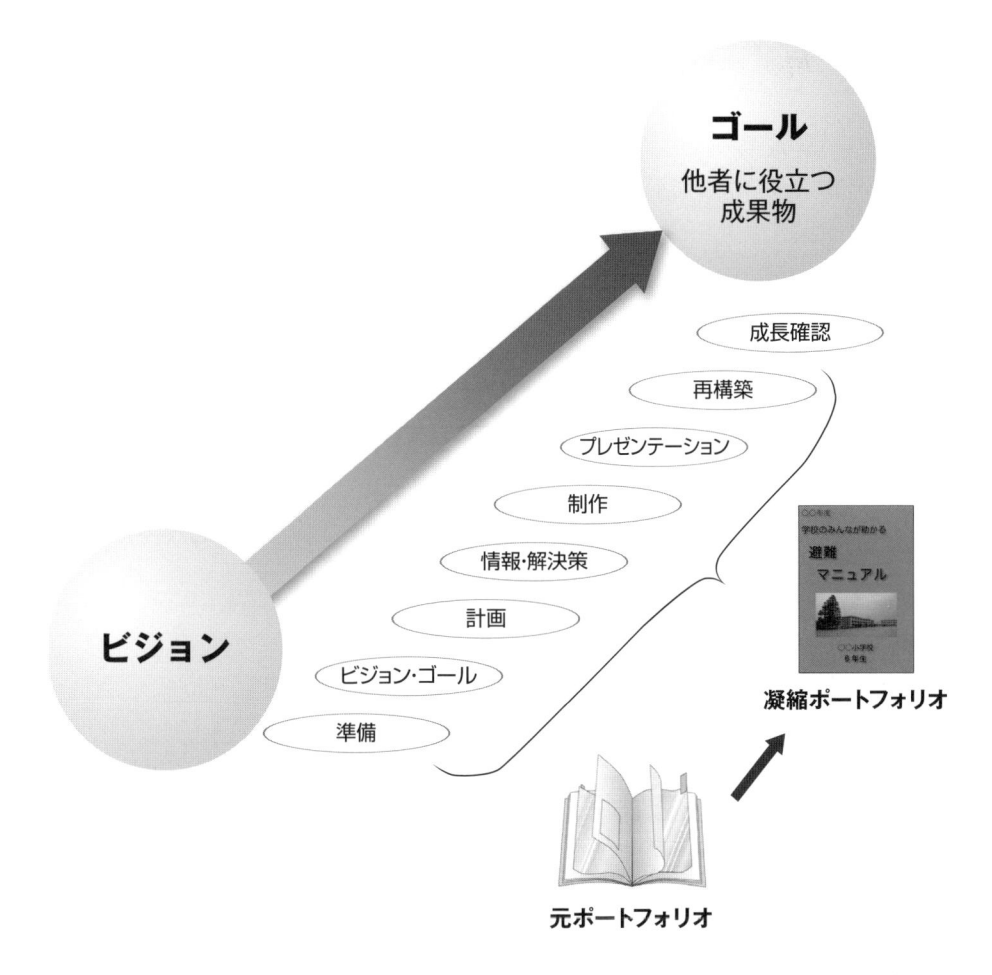

ビジョン → ゴール（他者に役立つ成果物）

- 準備
- ビジョン・ゴール
- 計画
- 情報・解決策
- 制作
- プレゼンテーション
- 再構築
- 成長確認

元ポートフォリオ → 凝縮ポートフォリオ

1. 主体性と考える力をつける防災教育を！

ゴール（目標）の考え方

全体で目指すゴール（目標）を最初に明確にします。例えば、「学校のみんなが助かる『避難マニュアル』をつくる！」など。そのために同じ課題意識の人が集まりチームを作り、チームのゴールを目指します。

船はいろいろですが、みな「学校のみんなが助かる『避難マニュアル』をつくる！」という大きなゴールへむかっている仲間です。

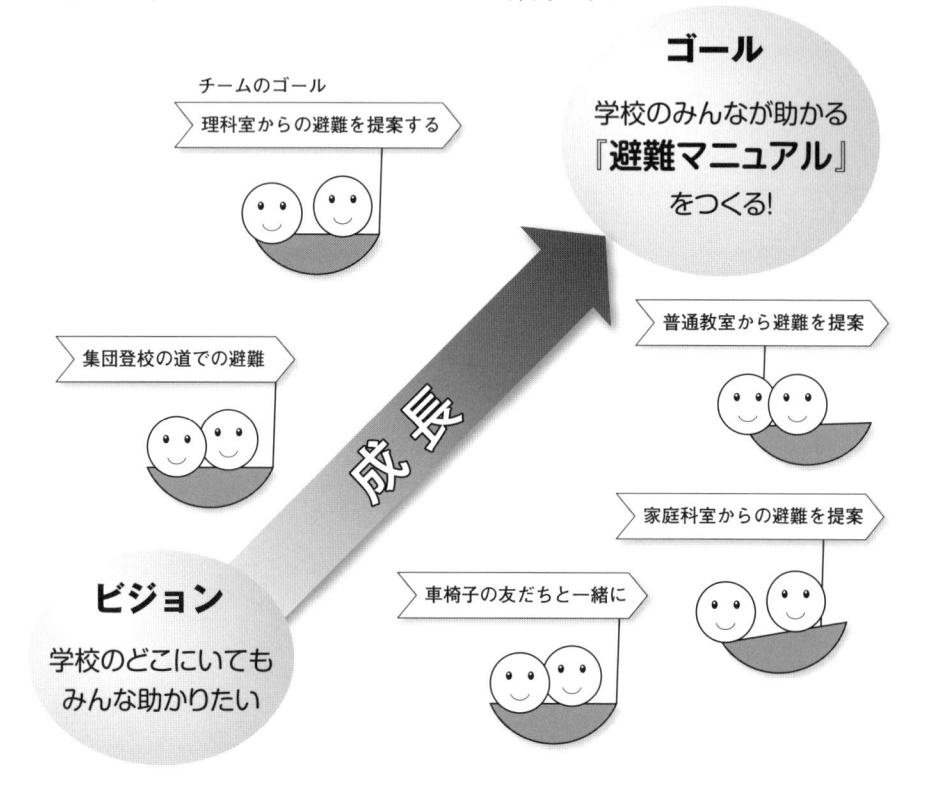

チームのゴール
- 理科室からの避難を提案する
- 集団登校の道での避難
- 車椅子の友だちと一緒に
- 家庭科室からの避難を提案
- 普通教室から避難を提案

ゴール
学校のみんなが助かる『避難マニュアル』をつくる！

ビジョン
学校のどこにいてもみんな助かりたい

成長

〈全体のビジョンとゴール〉
　ビジョン（目的）：「学校のどこにいてもみんな助かりたい」
　ゴール（目標）：「学校のみんなが助かるための○○小学校避難マニュアルをつくる！」

〈各チームのゴール〉
　理科の実験中に地震が起きたとき落ち着いて運動場に避難する方法を提案します
　集団登校で道を低学年と歩いているときに地震！落ち着かせて避難する方法を提案します
　保健室でひとりで休んでいるとき、運動場に避難する方法を提案します
　階段を下りているとき地震がきたら、どうすればよいか最もよい方法を提案します

第4章 思考力・判断力が身につく防災教育

防災を題材としたプロジェクト学習の展開

時数	プロジェクト学習基本フェーズ		内容	活動のイメージ
10	準備		・「判断行動イメージシート」「図上演習シート」などを通して、自分自身の防災や避難などの課題に気づく	・ビデオ、新聞記事などから地震に関係する情報を得る。 ・防災センターなど見学、体験をする。 ・実際に身近な所（教室・自宅）の危険場所を把握する。 　上記のような体験を通して、自分なりの課題発見につながる
3	ビジョンゴール		・災害から命を守るために自分達でできることをしたいという願いをもち、目的と目標を明確にして「ゴールシート」をかく	□ビジョン・ゴールを決める。 ・ビジョン：「　　　　　　　」 ・ゴール：「　　　　　　　」 □チームをつくる。 ・同じことに関心ある子でチームをつくる。
4	計画		・計画を立て何をすべきかイメージをもつ	□チームで企画書を作成する。 □工程表（調べること・すること・分担・準備）をつくる。
8	情報課題解決策		・避難訓練で現実の中から情報を得たり課題解決策を見出す「避難訓練フィードバックシート」チームのテーマにそって聞き取り・本・インターネットなどで情報を収集し、説得力のある確かな情報を得る	□工程表にそって必要な情報を獲得する。 ・本やインターネットで調べる。 ・専門家にインタビューをする。 ・検証実験をする（避難訓練）
3	制作		・自分達のテーマにそった対策方法について説得力のある効果的な表現を考えながら、提示資料を作成する	□プレゼンテーションの提示資料を作成する。 ・必要な情報を出し合い、チーム全体で確認する。 ・提案したいことの「根拠」を明確にする。 ・どんなプレゼンテーションにするか考える。
4	プレゼンテーション		・説得力のある効果的なパフォーマンスでプレゼンテーションする。	□プレゼンテーションを行って、自分達の考えを家族や地域の方々に提案する。 □仲間の発表を聞く。 □アドバイスから、よかったことと課題を明らかにする。
4	再構築		・自分達のテーマにそった「避難」について、情報の根拠を明らかにし、考えを組み立てて表現する	□再構築する方法を学ぶ。 □手順にそって下書きをする。 □再構築を行う。 □プレゼンテーションやこれまでのポートフォリオをもとにして、「　　　　　　　」としてまとめる。
2	成長確認		・自分や仲間の成長を確認する ・身についた力を自覚する	□ポートフォリオを活用して、プロジェクト学習を通して得たことを振り返り、自分の成長したことを確かめる。 □互いの成長を伝え合う。

2.「国語」で防災ハンドブックをつくる

■「国語」で防災パンフレットをつくる

　「国語」の教科書は大きく変わりました。「話す、聞く」「書く」「読む」「言葉と文化について学ぶ」など単元ごとのねらいが明確に分けられたのです。また、情報を集め発表したり、新聞、ポスターづくり、ブレーンストーミング、アンケートやインタビューの取り方、提案書づくり、などなど、情報活用や思考スキルに関するページが増えています。

　これらの活動は、現実的なテーマで活かされてはじめて身につきます。次からは「国語」で防災を題材にしたプロジェクト学習の展開をご紹介します。コーチングを活かしながらぜひスタートしてみてください。

■ 言語活動を充実させるコーチング

　各教科における言語活動のポイントは次のようなものです。防災を題材にすることで、言語活動を効果的に高めることができます。

　学習者は他者へ伝えるというゴールに向かうために、「理由や根拠」をもとに「簡潔」に表現する工夫をします。「図やグラフ」などを的確な文章とともにもっとわかりやすく伝えられないかと「推敲や改善」をします。

　「防災」を題材にするプロジェクト学習は、人々のために防災や避難の提案をするという利他的かつ命に関わるものですから、非常に熱心に主体性をもって向かうこととなります。

身につく力	コーチング
□現実から課題を発見する力 □危険に気づく力	「今はどうなの?」 「どうできればいいの?」
□ビジョンを描く感性 □目標を立てられる力	「何のために?」 「具体的な目標は?」
□方法や順序、時間 □現実にすべきことのイメージ力	「そのためにどんな情報が要る?」 「最も優先すべきことは?」
□情報を獲得する力 □現実の危険回避の発想力	「その情報はどこにあるの?」 「一番有効な行動は?」
□わかりやすい表現力 □ノンバーバル表現力	「誰のためにプレゼンするの?」 「その方法が伝わる工夫は?」
□結論と理由・論拠 □改善力	「そのエビデンスは?」 「具体的にどこをよくする?」
□成長、変化の自覚 □自己有能感／自信	「この経験で得たことは何?」 「目に見えない成長は?」

第4章 思考力・判断力が身につく防災教育

言語活動・活用力を高める実践
「国語」で防災ハンドブックをつくる！
― プロジェクト学習とポートフォリオ・コーチングの教育手法とともに―

子どもたちが自ら課題を見つけ、自ら考え主体的に判断し
問題解決できる力を効果的に身につけるために

目標を決める

■「言語活動の充実」をかなえるために
思考力、判断力、表現力を身につけるために、新聞、パンフレット、ニュース番組をつくるなどの単元で「防災」を題材とします。

■『防災ハンドブック』をつくるという「目標」
例えば、子どもたちの目指す目標（ゴール）は、「防災ハンドブック」や「防災新聞」、「避難のときの工夫の提案集」をつくる、となります。

> OECD 生徒の学習到達度調査　～2009年調査国際結果の要約～
> ■ PISA 調査の概要
> □読解力の定義が、「自らの目標を達成し、自らの知識と可能性を発達させ、効果的に社会に参加するために、書かれたテキストを理解し、利用し、熟考し、これに取り組む能力」（下線：新たに加えられた部分）（略）

活動計画

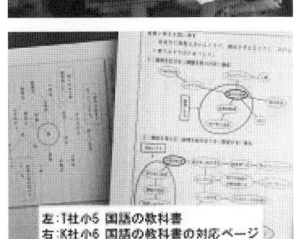

■話し合って「考え」を生み出す
クラスで「防災ハンドブックをつくる」という目標が決まったら、同じ課題意識で集まりチームをつくります。例えば、「家具の固定」「必要な非常食」など。ここから先はチームで話し合い、チームの目標（チームテーマ）と「すべき活動」を考え出します。

■「明確な目標」にすることがポイント
自ら考え判断、表現する力を高めるためには「明確な目標」にすることがポイントです。例えば、非常食の提案であれば「お年寄りがいる家の3日分の非常食を提案します」となります。これは、より具体的で現実的な情報を自ら手に入れる力に通じます。

> 小学校学習指導要領解説総則編 P.3,P.4 より以下抜粋
> 「（略）自ら課題を見つけ、自ら学び、自ら考え、主体的に判断し、行動し、よりよく問題を解決する資質や能力、自らを律しつつ、他者とともに協調し、他者をおもいやる心（略）
> ②見通しを立てたり、振り返ったりする学習活動の重視（略）」

2.「国語」で防災ハンドブックをつくる

情報を集める（聞き取りメモ）

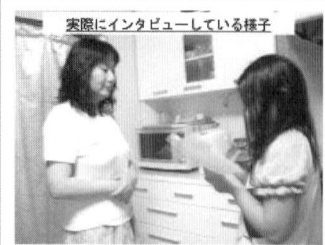

実際にインタビューしている様子

■「習得」から「活用」へ
教科書でメモの取り方について学習します。例えば、記号などを使う工夫や短く要約して書くことなどについて修得します。教科書で聞き取りメモについて修得した後、身につけた力を活用します。

■『震災時どうしていたか』を正確に聞き取る
東日本大震災のとき、どこで、いつ、どのように…していたかをインタビューすることにより、聞き取りできる力が定着します。これは事実、これは意見、など考えながら一つひとつメモをすることで、クリティカルシンキングの育成にもつながります。

左：T社小5 国語の教科書
右：M社小4 国語の教科書の対応ページ

小学校学習指導要領解説国語編 P.20 より以下抜粋
「事実と感想、意見などを区別するとともに、目的や意図に応じて簡単に書いたり詳しく書いたりすること」
小学校学習指導要領：・国語科 第3学年及び第4学年、第5学年及び第6学年 2内容 A話すこと・聞くこと (2) B書くこと (2)

グラフを理解・活用する（比較・分類）

教科書の「グラフにまとめる良さ」のページで学んでいる様子

■グラフについて理解し情報を読み取れるようになる
教科書の中には集めた情報をグラフにする方法やグラフにすることの効果などについて説明しているページがあります。

■各自の家の『非常時の備蓄品』の数を調べる
教科書の中では読んだ本の数を集計することになっていますが、防災を題材にする場合、例えば、クラス一人ひとり各自の家でどのような非常時の備蓄品をいくつ備えているかというのを調べてきます。

■集計した結果をグラフにする
一人ひとりが数を調べてきたものをクラス全体で集計しグラフをつくります。そのグラフを見て分かったことを文章にします。ここで比較や分類、関係がみえてきます。自分たち一人ひとりの数のデータを集計したもので棒グラフをつくっているので、高い棒は本当に数が多いから棒が高いということを理解することができ、数と量の関係を「概念」として把握することができます。

プリントに書かれた品の数量を自宅で調べている様子

小学校学習指導要領解説国語編 P.20 より以下抜粋
「引用したり、図表やグラフなどを用いたりして、自分の考えが伝わるように書くこと」
小学校学習指導要領：
・国語科 P.22 第3学年及び第4学年 2内容 A話すこと・聞くこと

思考力・判断力が身につく防災教育 | 第4章

わかりやすく伝える表現（簡潔・平易）

プレゼンの制作物をつくっている様子

■情報と情報を関連づけて…創造的に考え出す
プレゼンテーションの制作物を作るために元ポートフォリオから情報を選択します。例えば、家具が倒れない工夫を提案するチームであれば、写真や取付け方法など情報を選択し簡潔な説明文を添えます。

■防災プレゼンテーション…感謝…自己有効感
聞いた人の胸に届き、実際に行動をしてほしいという願いのこもったプレゼンテーションを意図します。聞いた人は感謝カードを返します（互いに自己有効感をおぼえる）。

■相互評価を活かす
互いに、ここがよかった、こうしたらもっとよくなるという、評価を端的に書いて渡し合い次なる防災ハンドブックづくりに活かします。

プレゼンテーションをしている様子

> 小学校学習指導要領解説国語編 P.17、18 より以下抜粋
> 考えたことや伝えたいこと（略）収集した知識や情報を関連付け（5,6学年）。相手を見たり、言葉の抑揚や強弱、間の取り方などに注意したりして話す（3,4学年）。話の中心に気をつけて聞き、質問をしたり感想を述べたりすること（3,4学年）。（略）事柄が明確に伝わるように話の構成を工夫し（略）適切な言葉遣いで話すこと（5,6学年）。

⇩

論理的な表現（結論・理由・証拠）

一人ひとりが防災新聞を役割分担して書いている様子

■「言語活動の高まり」…防災ハンドブックづくり
多くの人に命を守るために読んでもらいたい、だからわかりやすい表現にするという動機が「工夫、改善」や学習意欲をかき立てます。プレゼンテーションへの評価を活かし、いよいよ「防災ハンドブック」をつくります。例示や比喩なども駆使し読んだ人が納得するために結論と理由、論拠、証拠を示し論理的な展開で構築します。

■図などを活かした表現（非連続テキスト）
読んだ人に納得してもらうためには根拠ある情報、論拠、証拠などが不可欠です。

完成した提案集

■「思考の構築の可視化」…制限・項目立て・見出し
伝えたいことを構築します。現状や結論や理由などを分けたり区切ったりする、その順序や項目立て、また小見出しを考えます。スペースには制限があるので、より簡潔に表現、構築する力が身につきます。

> 小学校学習指導要領解説国語編 P.23 より以下抜粋
> 収集した資料を効果的に使い説明する文章などを書くこと(3,4学年)。自分の課題について調べ意見を記述した文章や活動を報告した文章などを書いたり編集したりすること（5,6学年）。

89

3．教科で防災教育【総合的な学習】

◆実践事例「総合的な学習の時間」における防災プロジェクト

〈防災プロジェクトのフェーズごとの活動と評価〉
　　　（鈴木敏恵指導／瑞穂市西小学校の事例）
文部科学省「確かな学力の育成に係る実践的調査研究」委託事業
シンクタンク未来教育ビジョン／報告書より抜粋

	月	時	おもな学習活動・体験活動	評価規準	身につけたい力	人材・見学先
準備	4	1	○プロジェクト学習のイメージをつかもう。 ○基本フェーズの流れを俯瞰し，学習で身につく力を知ろう。		将来を描く能力	
		2	○地震について自分の知っていることをはっきりさせよう。 ・題材「地震」に対するイメージを書き表し交流し，課題意識をもつ。	・地震について自分の知識や思いをシートに書く。	専門家の話・防災センターの見学・新聞やインターネットで調べたことから，地震について無意識だった自分を知り，地震を意識してみることから，防災の必要性に気づく。	
		3	○大人は地震に対してどう備え，考えているかつかもう。考えをまとめる。 ・「地震」について家族や身近な人から聞いてきたことを交流する。	・仲間と発言を聞き合い，考えをまとめる。	コミュニケーション・規律・マナー	
		4	○阪神淡路大震災のビデオをみて，自分の感想や考えを書こう。 ・阪神淡路大震災のビデオを見て，感想を交流する。	・地震の恐ろしさに気づき感想を発表する。	専門家の話・防災センターの見学・新聞やインターネットで調べたことから，地震について無意識だった自分を知り，地震を意識してみることから，防災の必要性に気づく。	
		5	○阪神淡路大震災を消防の立場で体験した人の話を聞こう。	・地震に対しての備えが被害を小さくすることに気付く。	専門家の話・防災センターの見学・新聞やインターネットで調べたことから，地震について無意識だった自分を知り，地震を意識してみることから，防災の必要性に気づく。	消防署
	5	6 7	○防災センターを見学し，地震について考えたことをまとめる。 ・防災センターを訪問し，地震体験等をする。	・マナーを守って見学したり体験し，得た情報をまとめる。	情報活用 コミュニケーション・規律・マナー	広域防災センター
		8	○地震についての基本的な知識をゲットしよう。 ・地震発生の仕組みを知る。	・話や資料から地震は近い将来起きることがわかる。	情報活用	
		9	○瑞穂市ではどんな防災対策がされているかをつかもう。 ・瑞穂市の防災対策について知る。	・市ではどんな対策がされているかが話や資料からわかる。	情報活用 コミュニケーション・規律・マナー	市役所総務課
		10 11 12	○地震が起きたときの，自宅危険チェックをしよう。 危険チェックをする。 ○地震が起きたときの自宅の危険なところをつかむ。 ・図上演習を通して，地震が起きたときの自宅の危険を具体的に考える。	・地震を想定して，自宅の危険を考える。 ・自宅の危険に対し無意識だったことに気づく。 ・防災の必要性がわかる。	専門家の話・防災センターの見学・新聞やインターネットで調べたことから，地震について無意識だった自分を知り，地震を意識してみることから，防災の必要性に気づく。 防災の学習は，自分と家族の命を守るために必要であることがわかる。	
		13 14	○登下校中に地震が起きたらどんな危険が発生するかみつけよう。 ・登下校の道で地震が起きたときを想定し実際に通学路を歩き地域危険チェックをする。	・通学路の危険に気づく。 ・防災の必要性がわかる。	専門家の話・防災センターの見学・新聞やインターネットで調べたことから，地震について無意識だった自分を知り，地震を意識してみることから，防災の必要性に気づく。 防災の学習は，自分と家族の命を守るために必要であることがわかる。	

第4章 思考力・判断力が身につく防災教育

	月	時	おもな学習活動・体験活動	評価規準	身につけたい力	人材・見学先
ビジョン・ゴール	6	1	○「防災プロジェクト」全体のテーマを決めよう。 ・準備でいろいろなことに気づいたり考えたりしたことから、みんなで、「防災」について思ったこと気づいたことを、よい点と問題点に分けて出し合う。 ・問題点から、どうなったらいいかを話し合い、テーマを決める。	・地震災害から、自分や家族の命を守りたいという願いをもってテーマを考えることができる。	自分や大切な家族の命を地震災害から守るという課題を、どのように解決していくとよいかを話し合うことから全体のテーマを決めることができる。	
		2	○「防災プロジェクト」のゴールを決めよう。 ・なぜこの学習をするのか考えよう。 ・プロジェクトをどんなものにして、世の中に伝えるのか考えよう。	・ゴールが自分や家族や地域の人たちに役に立つことがわかる。	将来を描く能力	
		3	○防災プロジェクトのテーマに向かって、自分はどんなことに取り組みたいという願いと理由をはっきりさせよう。 ・自分の願い（提案したいこと）を具体的に書こう。	・地震災害から命を守るためには何をすればよいかという、自分の願いをはっきりさせることができる。	自分のテーマをもち追究していくことが、自分や家族や地域の人のためになることがわかる。	
	7	4 5	○同じ願いをもつ子でチームをつくろう。 ・自分がどのカテゴリーに入るかを自分で考えて、チームになろう。	・カテゴリーに分かれ、同じ願いの子とチームをつくることができる。	地震災害から命を守るためには何を考えたいかをはっきりさせて、チームを決めることができる。	
		6 7	○チームの提案を決めよう。 ・どんなことを提案したいか相談して、チームの提案（テーマ）を決める。	・チームの一人一人が自分の願いを出し合って、具体的な提案（チームテーマ）にまとめることができる。	地震災害から命を守るためには何を考えたいかをはっきりさせて、チームを決めることができる。 自分のテーマをもち追究していくことが、自分や家族や地域の人のためになることがわかる。	
計画	7	1 2	○チームで提案をするために、これから何をしたらよいかを考えよう。 ・まずは自分一人で、何をしたらよいかを考え、どんどん書きだそう。	・チームテーマを意識し、自分一人でこれからすべきことをイメージし書き出すができる。	自己決定・自己責任	
	9	3 10	○チームの提案のために、自分の考えを伝え合って、チームで「これからすべきこと」を話し合って決めよう。 ・チームで、個人の考えを伝え合って、模造紙に、書いたカードを貼る。 ・同じ内容のものをまとめ、「これからすべきこと」を決める。	・チームでお互いの意見を尊重して聞き合い、考えを共有し、これからすべきことを整理することができる。	仲間と自分の願いの違いを理解しながら、お互いの意見を尊重しあって、計画をたてることができる。	
		4	○プロジェクトの企画書をつくろう。 ・チームで話し合って決めた模造紙を見ながら、企画書を書く。	・企画書を書くことで、これから先の活動の見通しがもてることがわかる。	課題を解決するためには、情報収集活動の日時・行くところ・役割分担の計画を立ててから実行していくことが重要であることがわかる。	
		5	○情報収集の手段と特徴を知り、問題点やその解決策を考えよう。 ・情報を手に入れる基本を学ぶ。 本・新聞・パンフレット・雑誌・インターネット・アンケート・インタビュー	・情報の問題点に気づき、どうしたらよいかという対策がわかる。	情報活用	
		6 7	○実行可能な情報リサーチの工程表をつくろう。 ・日時、仕事（行くところ・することと、仕事分担、用意するもの）を表に表す。	・情報収集活動をするためには、日時・行くところや役割分担など計画を立ててから実行することが大切であるとわかる。	課題を解決するためには、情報収集活動の日時・行くところ・役割分担の計画を立ててから実行していくことが重要であることがわかる。	

3. 教科で防災教育【総合的な学習】

	月	時	おもな学習活動・体験活動	評価規準	身につけたい力	人材・見学先
情報・解決策	10	1	○必要な情報を手に入れるための準備をしよう。 ・アンケートを作成する。 （何をつかみたいのかはっきりさせ，シンプルで分かりやすいものにする） ・どこに連絡をして情報を集めるとよいか調べる。（インターネットサイト・インタビューする人・訪問先など）。	・アンケートをつくるときにどんなことに気をつけたらよいかがわかる。	予想される問題や困った事態を考え，対応策を準備してから情報収集活動に出かけることができる。	
		2 3 4 5 6 7 8 9 10 11	○テーマをもとに情報リサーチしよう。 ・本や新聞・インターネットで調べる。 ・アンケートを集約して，グラフ化する。 ・実験や専門家への聞き取りなどで確かめたいことを決める。 ・実験，聞き取りなどで調べる。	・マナーを意識して見学や体験活動などができる。 ・防災に真剣に取り組んでいる人の思いがわかる。 ・情報収集活動をする前に困った事態などを予想することができる。	見学や体験やインタビューに臨むことができる。 見学や体験を通して，防災に真剣に取り組んでいる人々と交流し，命を考えることの意義や苦労がわかる。 獲得した情報から伝えたい内容を，理由を明らかにしながら考えたり話し合ったりすることができる。 予想される問題や困った事態を考え，対応策を準備してから情報収集活動に出かけることができる。	消防署 市役所 医師 保健師 県防災課 栄養士 養護教諭 業者 市図書館
		12 13	○集めた情報を整理しよう。 ・1シートに1情報を見やすいよう見出しをつけて整理する。	・見出しをつけながら一つ一つの情報を整理することができる。	獲得した情報から伝えたい内容を，理由を明らかにしながら考えたり話し合ったりすることができる。	
制作	11	1	○「これが大事」という情報を選び出そう。 ・チームの提案を確認する。 ・プレゼンテーションの基本情報を確かめる。 ・チームで話し合い，必要な情報を選ぶ。	・「伝えたいことは何か」という視点で集めた情報が，必要であるか，根拠ある情報であるかを考えて取捨選択することができる。 ・選び出した情報を，表やグラフを使って，相手にわかりやすいように，まとめることができる。 ・自分の願いを伝えたり，仲間の意見を聞いたりしてテーマに必要な情報を共有することができる。	「伝えたいことは何か」という視点で集めた情報が，必要であるか，根拠ある情報かを考えて，取捨選択することができる。 選び出した情報を，表やグラフを使って，相手にわかりやすいように，まとめることができる。 自分の願いを伝えたり，相手の意見を聞いたりして，テーマに必要な制作情報を共有することができる。	
		2 3 4 5	○選んだ情報を見やすく分かりやすくまとめよう。 ・グラフ化，表づくりなど，表現に必要な素材部分をつくる。	・目的に合わせて表現することができる。	自己決定・自己責任	
		6 7 8 9 10	○模造紙を使って，制作物を作成しよう。 ・見やすく作った物を組み合わせ，チームの提案が一目で見てわかるか確認する。 ・模造紙に下書きする。 ・ペンで書く。	・チームテーマの提案のためにより良い方法を考えることができる。	チャレンジ精神・創造力	

思考力・判断力が身につく防災教育　第４章

	月	時	おもな学習活動・体験活動	評価規準	身につけたい力	人材・見学先
プレゼンテーション	11	1	○「プレゼンテーション」成功の秘訣を考えだそう。 ・何のためにプレゼンテーションをするのか考える。 ・プレゼンテーションを聞いてくれる人にどんな気持ちになってほしいか考える。 ・そのために何をすべきか考える。	・伝えたいことを、わかりやすく伝えるための方法を、考えたり工夫したりできる。	伝えたいことを、わかりやすく伝えるための方法を、考えたり工夫したりできる。	
		2 3	○プレゼンテーションのリハーサルをしよう。 ・根拠をはっきり示しながら聞き手に「なるほど」と言わせるよう考えて、原稿をつくって練習する。	・みんなで話し合って決めたことを表現できる。	相手が何を伝えたいのか考えて聞き、よい点やアドバイスしたいことを伝え、受け取った側は、再構築に活かすことができる。	
		4 5 6	○プレゼンテーションを聞き合って、自分たちのチームの提案のよさと改善することを見つけよう。 ・他チームのプレゼンテーションを聞いて「わかったこと、よかったこと、アドバイス」を伝える。	・仲間が何を伝えようとしているかを考えて聞くことができる。 ・「こうすれば助かる」という自分たちが伝えたい情報を、自信を持ってプレゼンテーションすることができる。	相手が何を伝えたいのか考えて聞き、よい点やアドバイスしたいことを伝え、受け取った側は、再構築に活かすことができる。 「やってみようと思える、安全・安心防災対策」という観点から、自分が伝えたいことをはっきりさせてプレゼンテーションをし、仲間からのアドバイスを聞いて、プレゼンテーションを振り返ることができる。	
		7	○プレゼンテーションを振り返ろう。 ・他のチームからもらったアドバイスをみて、よかったこと、直すとよいところなどを考える。	・仲間からのアドバイスを聞いてよかったことと課題を明らかにすることができる。	自己課題	
再構築	12	1 2	○「やってみよう！安全・安心防災対策集」をつくるために、自分の考えを「再構築」する方法をつかもう。 ・再構築の手順を知る。 ・プレゼンテーションで得たアドバイスをどのように生かすか考える。 ・ポートフォリオを俯瞰し、自分はこれが伝えたいということを決める。 ・ポートフォリオを見直し、自分が伝えたいことに関係する所に付箋を貼る。	・地震防災対策集をつくるために今まで学習してきたことをまとめ、自分らしく考えたことを組み立てて根拠ある提案書をつくることができる。	地震防災対策集をつくるために今まで学習してきたことをまとめ、自分らしく考えたことを組み立てて根拠ある提案書をつくることができる。	
		3 4 5 6 7 8	○「やってみよう！安全・安心防災対策集」をつくろう。 ・付箋をつけたものを取り出し、整理する。 ・情報を組み合わせる。 ・組み立てを考えて、Ａ４の紙２枚に再構築する。	・地震防災対策集をつくるために今まで学習してきたことをまとめ、自分らしく考えたことを組み立てて根拠ある提案書をつくることができる。	地震防災対策集をつくるために今まで学習してきたことをまとめ、自分らしく考えたことを組み立てて根拠ある提案書をつくることができる。	
成長確認	2	1	○自分が「成長」したところをみつけよう。 ・「成長」とは何かを考える。 ・自分の成長したこと、身についたことなどを具体的に書く。	・ポートフォリオを振り返り、自分が成長したことを見つけることができる。	これまでの自分や仲間の取り組みを振り返り、自分や仲間の成長に気づくことができる。	
	3	2	○仲間の成長を見つけ合おう。 ・仲間の成長したところやがんばっていたことを具体的に書いてわたす。 ・ポートフォリオを俯瞰する。	・活動を振り返って、仲間の成長をみつけ、伝えることができる。	これまでの自分や仲間の取り組みを振り返り、自分や仲間の成長に気づくことができる。	
		3	○お世話になった人にお礼の手紙を書こう。 ・情報リサーチ等でお世話になった方々にお礼状を書く。	・お礼状の基本を守り、感謝の気持ちを込めてお礼状が書ける。	コミュニケーション・規律・マナー	
		4	○成果物を届けよう。 ・お礼状と共に成果物を届ける。	・成果物を家庭に紹介し、地域の公的な機関に届ける。	これまでの学習を振り返り、自分の家庭や学校で実践できる。	

リーダーのための『アクションカード』

　学校や病院では、いざというとき役割が決まっていて分担して全体で動く体制をもっています。しかしその役割の人が留守のときもあります。そこで、リーダーはそのときに集まれたメンバーに、アクションカード（任務：すべき行動が記載されているもの）を相手を見ながら渡します。渡された人が迷わず動けるよう、ごく簡潔にすべき行動、任務や言葉（誘導や落ち着かせる言葉など）が書かれています。すでに病院では活用されているところもあります。学校などでも独自の工夫で役立てるとよいでしょう。

■ ケータイマニュアルとして

　アクションカードは、避難シミュレーションプログラムなどを活かし、自分たちで作成し、避難訓練で試して改善して…という方法でつくりあげることが有効です。

　基本的にはメンバー各自も所持しておきます。

★ポイント
○リーダーのいる部屋あるいは出入口付近に装備
○平素から一人一枚以上手元にもち役割のスキルを磨く
○A4サイズ、ぬれてもいいようにパウチ加工
○同じものをカードサイズにして普段から所持
○色を戦略的に使う、赤は指令者、青は階段誘導など

■役割の例
○○リーダー　　リーダー補佐
特別支援児付き添い
応急処置　　搬送（担架）
情報収集　　非常連絡
階段誘導　　要所にて誘導
連絡係（家庭）　連絡係（職場）
地域避難者対応　物品搬送
○○患者・負傷者付き添い

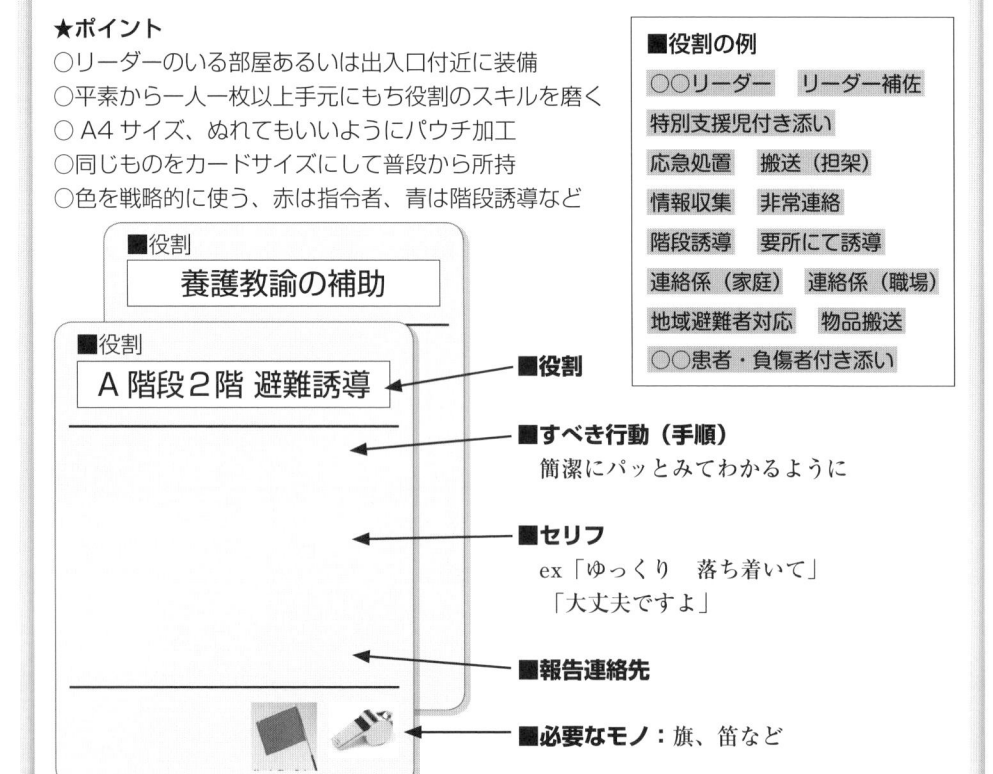

■役割
養護教諭の補助

■役割
A階段2階 避難誘導

■**役割**

■**すべき行動（手順）**
　簡潔にパッとみてわかるように

■**セリフ**
　ex「ゆっくり　落ち着いて」
　　「大丈夫ですよ」

■**報告連絡先**

■**必要なモノ：**旗、笛など

第5章
リーダーのための
コーチング手法・研修・安全チェック

自分たちの避難は
自分たちが考える！

1. コマンドからコーチングへ

■ **コマンドからコーチングへ**

「自分はこの災害にどう考え、判断し、行動したらいいのか、」という、自律的にすべきことを考え出しつつ課題解決へ向かうためには「コーチング」が有効です。

コーチングとは、その人がもともと持っている能力や性能を高める力を促すものです。「こうしなさい」とコマンド（命じる、率いる）されるだけでは、自ら考え判断、行動する力は伸びません。ティーチングは、正解のある教育に有効です。しかし目の前の現実から課題を発見したりその解決に向かう、などはコーチングが有効です。

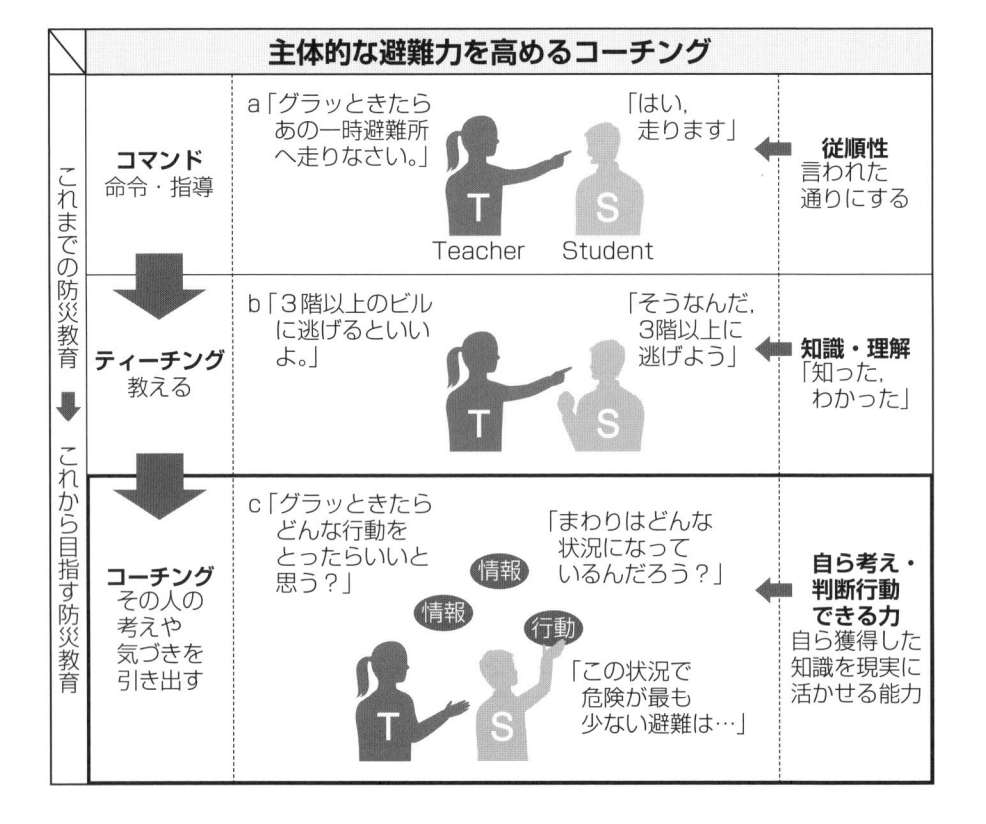

主体的な避難力を高めるコーチング

これまでの防災教育 ↓ これから目指す防災教育	**コマンド** 命令・指導	a「グラッときたらあの一時避難所へ走りなさい。」	「はい、走ります」	**従順性** 言われた通りにする
	ティーチング 教える	b「3階以上のビルに逃げるといいよ。」	「そうなんだ、3階以上に逃げよう」	**知識・理解** 「知った、わかった」
	コーチング その人の考えや気づきを引き出す	c「グラッときたらどんな行動をとったらいいと思う？」	「まわりはどんな状況になっているんだろう？」情報 情報 行動「この状況で危険が最も少ない避難は…」	**自ら考え・判断行動できる力** 自ら獲得した知識を現実に活かせる能力

プロジェクト学習で身につく力とコーチング

　プロジェクト学習は、ゴールに至るプロセスに［準備］［ビジョン・ゴール］［計画］［情報・解決策］［制作］［プレゼンテーション］［再構築］［成長確認］というフェーズをもっています。それぞれ課題発見力、目標設定力などが身につくように設計されています。フェーズごとに身につけたい力を意識してコーチングを活かすことで、自分で考え行動できる力を高めていきます。

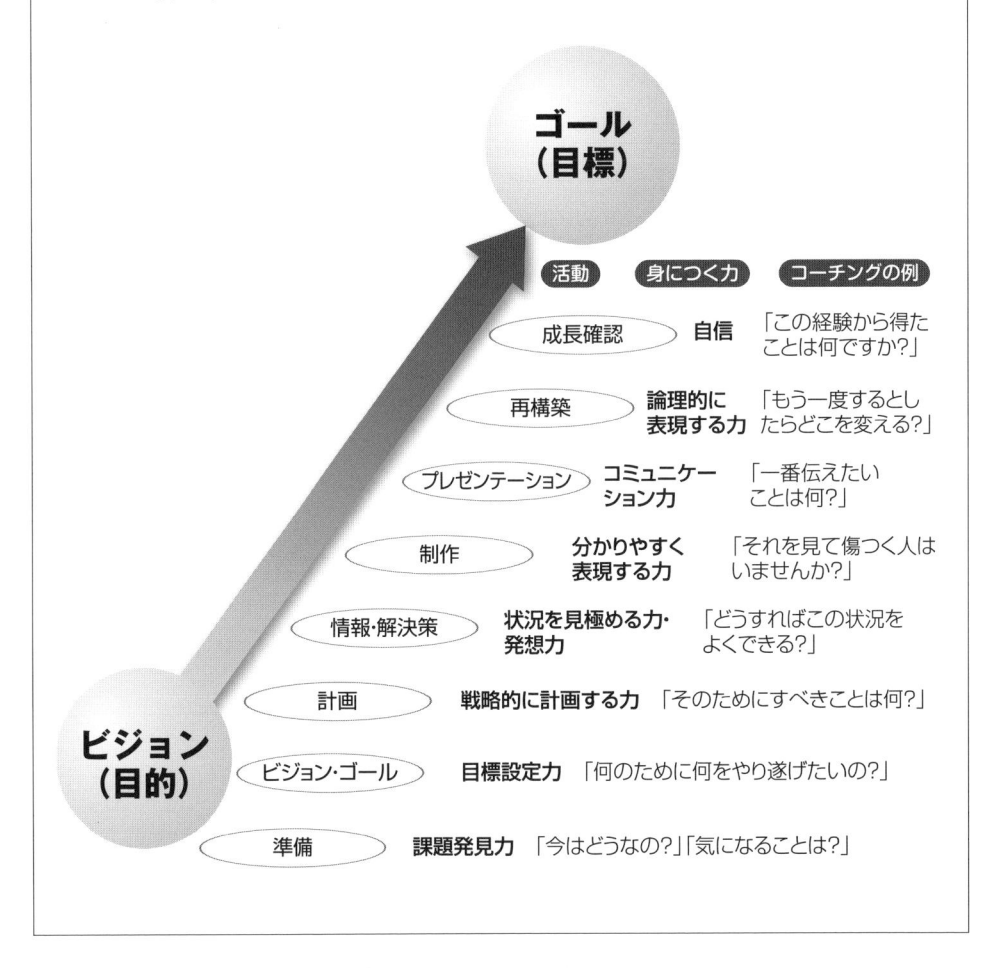

活動	身につく力	コーチングの例
成長確認	自信	「この経験から得たことは何ですか？」
再構築	論理的に表現する力	「もう一度するとしたらどこを変える？」
プレゼンテーション	コミュニケーション力	「一番伝えたいことは何？」
制作	分かりやすく表現する力	「それを見て傷つく人はいませんか？」
情報・解決策	状況を見極める力・発想力	「どうすればこの状況をよくできる？」
計画	戦略的に計画する力	「そのためにすべきことは何？」
ビジョン・ゴール	目標設定力	「何のために何をやり遂げたいの？」
準備	課題発見力	「今はどうなの？」「気になることは？」

ビジョン（目的）　→　ゴール（目標）

1. コマンドからコーチングへ

■ 自立と自律へ…避難力を高めるコーチング

いざというときに命を守れるためには、危険予測力など高めたい力があります。ここに有効なコーチングをお伝えします。

高めたい力	コーチング
■ イメージ力 ■ 課題発見力 ［判断・行動イメージシート］	「一番危険な要素は何？」 「一番最初何を見る？」 「今はどういう状態？」 「どう変わると思う？」 「そこ他に誰がいるの？」 「そこが通れないときはどうする？」 「なぜその方向を選んだの？」 「どこを見て決断したの？」
■ 目標設定力 ［ゴールシート］	「何のためにするの？」 「課題は何？」 「どうだったらいいの？」 「その避難における最終的な目標は？」
■ 状況判断力 ■ 危険予測力 ■ 空間認知力 ［図上演習シート］	「どう行動できたらいいの？」 「なぜそう判断したの？」 「その根拠は？」 「ほかに方法はないの？」 「どうしてそう推測したか？」 「もっと早く行動できるために出来る事は何？」 「もし小さい子と一緒だったらどうする？」 「そこが通れないときはどうする？」 「なぜその方向を選んだの？」
■ リサーチ力 ■ 危険分析力 ［危険予測シート］	「どうしたら正確に測れるの？」 「これはどんな動きをするかな？」 「なぜそこが最も危険と考えたの？」 「それを確かめる方法は？」 「それ（現象・結果）はなぜ起きたと思う？」 「どうしたら見えていないものが見えると思う？」 「その状態がどう変わると思う？」

高めたい力	コーチング
■ 論理的に考える力 ■ 課題解決力 [避難訓練シート]	「もう一度するとしたら何処を変える？」 「予測していたことと一致した？」 「何が足りて、何が足りないのか」 「今の自分にできないことは？」 「できるためにはどうする必要がある？」 「どんなふうにやる？」 「その前に必要なことは何？」 「それは何の影響で起きてるの？」 「もし○○の視点から見たらどうなる？」 「うまくいかなかったとき今度はどうしようと思った？」
■ 簡潔に表現する力 [防災マニュアル作成]	「何のためにするの？」 「誰のためにするの？」 「聞いた人にどうなってもらいたいの？」 「わかりやすく伝えるための工夫は？」 「その情報が正しいとどうしてわかるの？」 「その考えはどこから導かれたの？」 「その考えの確かさを証明する根拠は？」 「何のためにつくるの？」 「その順番が一番いいの？」 「わかりやすく伝えるための工夫は？」 「イラストにしたほうがわかりやすいところは？」 「どこにおいてほしい？」 「いつこれを活かすの？」

第2章と照らしあわせて使えます。

2. プロジェクト手法による研修

■ 防災教育の教員研修プログラム ［学校編］

9:00 	防災プロジェクト研修のビジョンとゴール ビジョン：子どもの命を守るために ゴール：教師のための現場で役立つ「地震発生時の行動提案」	○ワークショップの最後に「知の成果物」として自分たちに役立つ「地震発生時の行動提案集」をつくることを伝える。 ○防災教育で身につく力について知る。 ［課題解決力］［イメージ力］［活用力］
10:00 チームづくりとチームテーマ		  ○同じ課題の人が集まりチームをつくる。 ○チームで話し合いチームテーマを考える。 例・登校途中、グラッときたときに日直（一人）としてどう行動すればよいか提案します！ ・校長不在時の業間休憩のとき、どう行動すればよいか提案します！ ・体育館半壊、担任・児童下敷きのときどう行動すればよいか提案します！
10:30 課題解決・制作		  ○チームメンバーで話し合い具体的な行動を考え出す。 ○課題解決コーチングを互いに駆使する。 ○わかりやすい表現でプレゼンテーションの制作をする。
13:30 プレゼンテーション		  ○プレゼンテーションはロールプレイングも含め実際に役立つ地震発生時の行動を見せる。 ○オーディエンスは、付箋に「ここが良かった」「こうすればもっとよくなる」を模造紙に貼ってあげる。
14:30 16:00	評価をもとに改善　フィードバック  	○各チームはもらったアドバイスをもとにプレゼンテーション模造紙を改善する。 ○各自今日のワークショップで獲得したことを確認する。
1週間後 知の成果物	『地震発生時の行動提案集』	 ○ワークショップのプレゼンテーションに使った模造紙は写真に撮り、後日それを活かし「地震発生時の行動提案集」として研修参加者へ渡す。

プロジェクト研修による「知の成果物（マニュアル等）」

未来教育ワークショップの成果『地震発生時の行動提案集』

　参加者が「地震発生時の行動提案集」を生みあげるというゴールを目指す防災ワークショップ。地震を題材にした教員研修。講師による防災や避難についての短い講義と参加者である教師 50 名のワークショップタイムからなります。ワークショップでは、参加者一人ひとりが学校における地震発生時の課題を発見し、課題解決へのアイデアを生み出し、実際に地震がきたときには、こうするという行動をロールプレイで披露しあいます。ワークショップの終了後は、各チームの提案を一冊の冊子にまとめて、実際に役立つ『地震が起きたときにはこうすればいい』という行動提案集をつくります。

教員研修の「知の成果物」

主　催：文部科学省・島根県教育委員会
講　師：鈴木 敏恵
企　画：シンクタンク未来教育ビジョン

教師がつくる、教師のための『地震発生時の行動提案』
目　次

○登校途中、グラッときたときにどう行動すればよいか提案します
○校長不在時の休憩の時、どう行動すればよいか提案します
○昼休みに地震が起きた時、教頭の行動を提案します
○山間部の小学校で授業中に地震が起きた時、どう行動すればよいか提案します
○大規模校の工場見学（県外・修学旅行時）の際に地震が発生した時の行動を提案します
○体育館半壊、児童が下敷き、担任も骨折で身動きがとれないときの行動を提案します
○特別支援教室で生徒と活動しているとき、どう行動すればよいか提案します

プロジェクト研修の参加者が生み出した「知の成果物」

3. さあ、新しい防災研修をはじめよう

■ 判断行動シミュレーション／演習プログラム（15分）

15分モジュールなので、学校や公民館などのスキマ時間でも使えます。家族で、地域で、個人でやってみてください。

＜身につく力＞
イメージ力
課題発見力

判断・行動イメージシート

	活　動	時数
（1）	○シートの「使い方」を説明する ○このシミュレーションで「身につく力」を伝える	2分
（2）	○各自シートに書き込む 　　　　　　　　　　　　　22P参照	5分
（3）	○グループになり、ほかの人が書いたシートと交換しあい学びあう	5分
（4）	○ほかの人のシートを見たり話しあったりして得た事や考えたことをシートに書く （その場所でその瞬間の動きをしてみよう）	2分
（5）	○フィードバック 　獲得したことや感想をシートにかく	1分

◆ワンポイント…その場所でその瞬間の動きをする！
「判断・行動イメージシート」は、施設内の居室や廊下、階段など「場所の写真」からなる。上記（4）を記入したあと、その場所（屋外などは注意）で、その瞬間の動きをしてみることが有効。シートに頭を守る、と書くだけでなく、実際に身を伏せて、持っている本などで頭を守る、必要なら声を出すなど。

◆ワンポイント…身についた力はすぐに使う
「この経験で、得たことはなんですか？」と参加者へコーチングするなどして、「アブナイを先読みして気づく力」が身についたことを「自覚」してもらい、その力を帰路すぐに発揮して使って再現してみましょう、と伝える。

◆ワンポイント…「自覚、再現、恒常性」
シートを書かせることがねらいではなく、災害時に活きる力を身につけることがねらいです。身についた力は「自覚」し、すぐに使い「再現」することで「恒常的な力」となります。

■ 避難シミュレーション／図上演習プログラム（20分）

描く部屋は、自分が一番長くいる部屋、自宅であればリビングなどがいい。その部屋で、みんなで話しあいながら描くと効果的です。

<身につく力>
危険予測力
空間認知力

図上演習シート

		活　動	時数
(1)		○「平面図の描き方」をホワイトボード等へ実際に描いてみせながら説明する ①最初に壁や間仕切り等の外枠の線を描く ②そこに、ガラス窓や出入り口の位置を描く ③家具や什器をかき込む（部屋の上の方も見て描く） ○このシミュレーションで「身につく力」を伝える	3分
(2)		○各自「シートS28（P27）」に平面図を書く　　　　　　　　　　　　38P参照	5分
(3)		○地震発生時のビデオを視聴する	2分
(4)		○「シートS28（P27）」に描いた平面図に、地震時に散乱したガラスや転倒したもの（赤ペン）、自身の避難動線（青ペン）をかき込む。　　　　　　　39P参照	4分
(5)		○「シートS28（P27）」の下部に課題や解決策などを考えてかく 　　　　　　　　　　　40P参照	4分
(6)		○隣の人とシートを見せあい話しあったりして得た事や考えたことを書きたす	2分

◆ワンポイント…その空間をイメージしながら描く
◆ワンポイント…その場所にいる自分の気持ちや行動を考えながら描く
◆ワンポイント…与条件を付加して危険を予測しよう
　たとえば夜中だったら…豪雨強風のときなら…たとえば守るべき人と一緒だったら

103

4.〔安全確認チェックシート〕と活用

■ 建物や施設内の設備を普段からチェックする

　地震という不慣れな、非常時で不安定な災害の際、施設の建築的構造等への安全の配慮だけでなく、主体構造の損傷による避難阻害や家具備品、更に設備機械等による落下・転倒・移動や壁モルタル・タイルの剥がれ、そして窓ガラスの飛散の危険からの安全確保が重要といえます。

　定められた耐震診断とそれによる耐震補強によって、施設の主体構造体には、一応の安全確保がなされており、人命への重大な脅威・損傷はないと考えると、むしろ二次構造部材（非構造部材）や家具什器のチェックを主に行うことが大切です。そのためには、平常時の施設の安全の状態の全体像と、その変化や対策の状況をチェックし記録・把握しておく事が最も重要となってきています。

■ リスクマネージメントポートフォリオ ── 安全確認の結果のすべてを一つのファイルに

安全確認の記録であるチェックリストや課題報告書などは、いつも誰でも見られるようにしておくことが大切です。点検後は一冊のファイルにポートフォリオ的に保管し、安全管理はもちろん日々の学校施設の維持管理に活用できるようにしておきます。専門業者等に相談が必要だと思われる場合や修理や改善の必要性があると認識された際、施設の状況が定期的に確認され確かな根拠として記録されているこのファイルはたいへん有効な存在となります。

ファイルの最初には安全確認チェックリストが入っているようにします。日常でも気になる箇所や状況があれば「課題報告書（D）」などを活かし足しておくといいでしょう。リスクマネージメントするためのポートフォリオ（目的のために根拠ある情報を一元化するツール）として、発展的に考えるといいでしょう。棟別に分類するなどファイリングを工夫します。

＜ファイルに入れるもの＞
・チェックリスト（A,B,C）
・課題報告書（D）
・該当箇所を図面に記載したもの等
・平面図、立面図、建物配置図等
・建築確認申請書
・許可書などの「表書き」の控え
・消防官署の査察検査結果の要点や重要な内容の控え
・ほか施設や設備に関する法的根拠となる資料等

■ 「安全確認チェックシート」の記入のしかた（A〜C）

　地震による災害からの児童・生徒の安全を図る事を主眼とした施設の安全管理チェックシートをご紹介します。ここでは地域の避難拠点である学校を例に紹介します。

　学校の安全点検は、学校安全法で「学期に1回程度」と定められています。ここでは予備日の欄を入れて年4回の記入欄でご紹介します。「A外部」「B校舎」「C室内」と3つに大別していますが、どこもチェック方法は共通です。危険箇所は写真を撮り、状況報告書に残し、年間報告書にまとめるときに活用します。

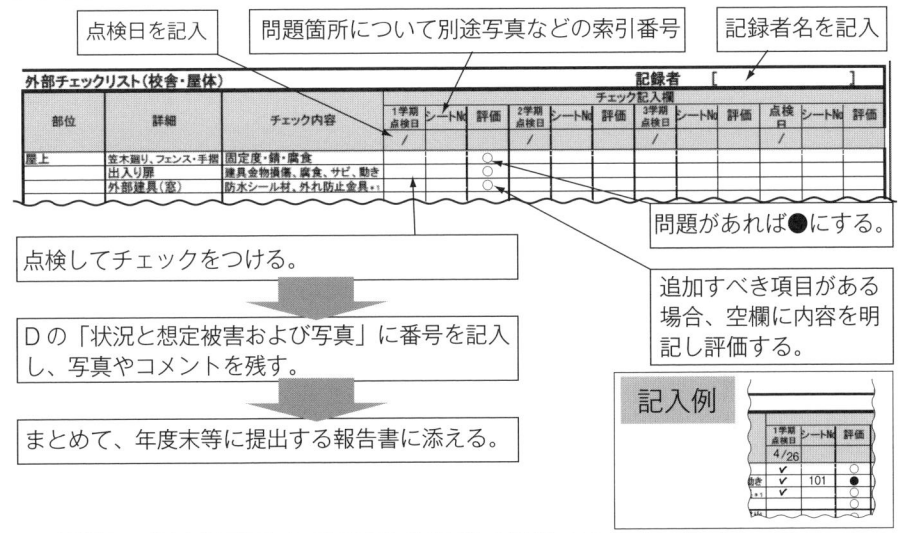

- 点検日を記入
- 問題箇所について別途写真などの索引番号
- 記録者名を記入

外部チェックリスト（校舎・屋体）　　記録者 〔　　　　　〕

部位	詳細	チェック内容	1学期点検日	シートNo	評価	2学期点検日	シートNo	評価	3学期点検日	シートNo	評価	点検日	シートNo	評価
屋上	笠木廻り、フェンス・手摺	固定度、錆・腐食		○										
	出入り扉	建具金物損傷、腐食、サビ、動き		○										
	外部建具（窓）	防水シール材、外れ防止金具 *1		○										

- 点検してチェックをつける。
- Dの「状況と想定被害および写真」に番号を記入し、写真やコメントを残す。
- まとめて、年度末等に提出する報告書に添える。
- 問題があれば●にする。
- 追加すべき項目がある場合、空欄に内容を明記し評価する。

記入例

1学期点検日	シートNo	評価
4/26		
✓		
✓	101	●
✓		

■ 「状況と想定被害および写真」報告書の記入のしかた（D）

状況と想定被害及び写真(外部・校舎・屋体・避難経路)　記入日〔 4/25 〕シートNo.【 102 】氏名〔 田中 宏 〕	
部位・場所〔 床（西玄関）〕	詳細を記述　（月の点検内容とリンク）
	床のビニールタイルの一部(50cm範囲)がはがれている。

4.〔安全確認チェックシート〕と活用

■ 建物や施設内の設備を普段からチェックする

学校安全調査チェックリスト 【　　　年度】（学校名：　　　　　　　）

基礎情報

項　目	年月日他	コメント
建設年（新築年）		設計：　　　　（担当：　　）施工：　　　　（担当：　　）
改修・改造・増築歴		設計：　　　　（担当：　　）施工：　　　　（担当：　　）
同上の概要の要点（構造仕上設備電気）		
耐震診断有無	有・無・診断年（　）	診断機関：　　　　　　　　（担当：　　）
耐震補強有無	有・無・補強年（　）	補強設計：　　　（担当：　　）施工：　　　（担当：　　）
防災避難計画及び避難経路は策定済か	済み・未決	済みの場合はその要旨（図面・地図）を添付の事
特記事項		

A 外部チェックリスト

外部チェックリスト（校舎・屋外）　　　　　　　　　　　　　　　記録者〔　　　　〕

部位	詳細	チェック内容	1学期点検日 / シートNo / 評価	2学期点検日 / シートNo / 評価	3学期点検日 / シートNo / 評価	予備点検日 / シートNo / 評価
屋上	笠木廻り、フェンス・手摺	固定度・錆・腐食	○	○	○	○
	出入り扉	建具金物損傷、腐食、サビ、動き	○	○	○	○
	外部建具（窓）	防水シール材、外れ防止金具*1	○	○	○	○
外壁	壁面塗装及びモルタル	はがれ・クラック・浮き・鉄筋露出	○	○	○	○
	タイル・金属類	はがれ・浮き・防水シール材	○	○	○	○
	外部建具	防水シール材、外れ防止金具*1	○	○	○	○
	外壁面状況	鉄筋の露出、鉄筋による爆裂	○	○	○	○
屋外階段	床	滑り・幅員・錆・腐食・水溜り	○	○	○	○
	段鼻金物	浮き・はがれ、腐食	○	○	○	○
	手摺	クラック・錆・腐食・H (1.1㍍以上)	○	○	○	○
	上げ裏	浮き・はがれ・クラック、漏水	○	○	○	○
渡り廊下	壁・窓	はがれ、錆・漏水・シール材	○	○	○	○
	床	クラック、浮き、水溜り	○	○	○	○
	軒	クラック、浮き、錆	○	○	○	○
バルコニー	軒裏天井	照明器具の固定度、漏水	○	○	○	○
	手摺り	高さ。支柱の間隔	○	○	○	○
その他	工作物　倉庫・物置	固定度・錆・腐食	○	○	○	○
	夜間照明	間隔、照度・固定度	○	○	○	○

B 校舎チェックリスト

部位	詳細	チェック内容	1学期点検日 /	シートNo.	評価	2学期点検日 /	シートNo.	評価	3学期点検日 /	シートNo.	評価	予備点検日 /	シートNo.	評価
出入り口	ガラス	安全ガラスか			○			○			○			○
	錠	保管の管理			○			○			○			○
					○			○			○			○
床	凹凸	程度、危険性			○			○			○			○
	剥がれ・浮き	程度、危険性			○			○			○			○
	ひび割れ	程度、ササクレ、危険度			○			○			○			○
	勾配	凸凹・段差・手すりH適法性			○			○			○			○
	家具固定	固定度			○			○			○			○
					○			○			○			○
壁	釘類の突起	程度、危険性			○			○			○			○
	ササクレ、ひび割れ	程度、危険性			○			○			○			○
	家具固定	固定度			○			○			○			○
					○			○			○			○
窓	窓台高さ	適正度 (0.9〜1.1以上)			○			○			○			○
	窓外れ防止具*1	適正度			○			○			○			○
	窓用手摺高	適法度 (0.9〜1.1以上)			○			○			○			○
	ガラス	安全ガラス*2			○			○			○			○
	足掛かりになる備品	距離・高さ・固定度			○			○			○			○
	バルコニー	手摺H (1.1以上)			○			○			○			○
	避難器具	固定度、腐食は			○			○			○			○
					○			○			○			○
天井	照明器具	落下の恐れ？			○			○			○			○
	その他吊もの	固定度、腐食			○			○			○			○
	天吊エアコン	配管・固定度			○			○			○			○
	上記の器具の配管類	がたつき、ゆがみ、固定度			○			○			○			○
					○			○			○			○
その他	薬品庫	固定度、施錠、鍵責任者の確認			○			○			○			○
	テレビ	固定度			○			○			○			○
	パソコン等	固定度			○			○			○			○
	配管	固定度、ガス、臭い、シミ、漏れ			○			○			○			○
	実習機器	固定度、施錠、鍵責任者の確認			○			○			○			○
					○			○			○			○
トイレ	天井	ゆがみ、天井内配管の固定度			○			○			○			○
	トイレ間仕切	がたつき、扉、施錠、固定度			○			○			○			○
	衛生器具	固定度、腐食、故障			○			○			○			○
					○			○			○			○
屋体の窓等の点検歩廊	床	滑り・凹凸・ひび・段			○			○			○			○
	手摺	H寸法、グラツキ			○			○			○			○
	窓	安全ガラス・外れ防止具			○			○			○			○
	障害物	備品の有無・程度			○			○			○			○
					○			○			○			○
舞台 (屋内体育館)	床	滑り・ササクレ・凹凸・ひび			○			○			○			○
	壁	ササクレ・突起・割れ			○			○			○			○
	吊物、ぶどう棚	固定度、落下の危険性？			○			○			○			○
	外部出入口	開き勝手、動作、引手、ガラス			○			○			○			○
					○			○			○			○
職員玄関 (昇降口生徒用)	床	滑り・凸凹・はがれ、障害物			○			○			○			○
	壁	浮き・ひび・突起			○			○			○			○
	天井	ビス、ゆがみ、照明器具の落下			○			○			○			○
	展示掲示物の棚	固定度、安全ガラス			○			○			○			○
					○			○			○			○

4.〔安全確認チェックシート〕と活用

C 避難経路チェックリスト

避難経路チェックリスト(室内・外部) 棟名〔　　　〕階〔　　階〕記録者〔　　　〕													
部位	詳細	チェック内容	\multicolumn{10}{l	}{チェック記入欄}										
^	^	^	1学期 点検日 /	シートNo	評価	2学期 点検日 /	シートNo	評価	3学期 点検日 /	シートNo	評価	予備日 /	シートNo	評価
廊下・ホール	床	滑り・凸凹・はがれ、障害物			○			○			○			○
^	壁	浮き・ひび・突起			○			○			○			○
^	天井	ビス、ゆがみ、照明器具の落下			○			○			○			○
^	建具	開き勝手、安全ガラス			○			○			○			○
^	家具固定	適正度、がたつき			○			○			○			○
^	有効幅員は	備品等で狭くなっていないか			○			○			○			○
吹き抜け	落下の恐れ	人・ガラス・照明・備品			○			○			○			○
階段	床	滑り・凸凹・はがれ、障害物			○			○			○			○
^	段鼻滑り防止金物	浮き・はがれ			○			○			○			○
^	手摺	グラツキ・H(0.9〜1.1m以上)			○			○			○			○
^	障害物	有無、固定度?			○			○			○			○
^	シャッター、ドア	ドア、シャッター動作			○			○			○			○
^	有効幅員は	備品等で狭くなっていないか			○			○			○			○
渡り廊下	床	滑り・凸凹・はがれ、障害物			○			○			○			○
^	壁	浮き・ひび・釘等の突起			○			○			○			○
^	天井	ビス、ゆがみ			○			○			○			○
^	建具・防火シャッター	動作確認・窓外れ防止員			○			○			○			○
生徒玄関	床	滑り・凸凹・はがれ、障害物			○			○			○			○
^	壁	浮き・はがれ			○			○			○			○
^	天井	ビス、ゆがみ、照明器具の落下は?			○			○			○			○
^	家具固定	適正か、固定度			○			○			○			○
^	扉	錆、腐食、動き			○			○			○			○
エレベータ・リフト	定期点検	定期点検書類/鍵保管状況			○			○			○			○
校舎から避難場所までの経路 || 危ないところは無いか			○			○			○			○
^^	経路に障害物は無いか			○			○			○			○
屋体等から避難場所までの経路 || 危ないところは無いか			○			○			○			○
^^	経路に障害物は無いか			○			○			○			○
プールから避難場所までの経路 || 危ないところは無いか			○			○			○			○
^^	経路に障害物は無いか			○			○			○			○
図書館から避難場所までの経路 || 危ないところは無いか			○			○			○			○
^^	経路に障害物は無いか			○			○			○			○
食堂から避難場所までの経路 || 危ないところは無いか			○			○			○			○
^^	経路に障害物は無いか			○			○			○			○
(　)から避難場所までの経路 || 危ないところは無いか			○			○			○			○
^^	経路に障害物は無いか			○			○			○			○
指定避難場所の状況 || 危ないところは無いか			○			○			○			○
^^	適度な広さがあるか			○			○			○			○
^^	木造家屋が近接していないか			○			○			○			○
外部避難階段 || 床・手摺・ノンスリップ			○			○			○			○
避難バルコニー || 床・手摺・段差・適正度			○			○			○			○
外部渡り廊下 || 床・手摺・段差・ノンスリップ			○			○			○			○

D 状況と想定被害及び写真

状況と想定被害及び写真(外部・校舎・屋体・避難経路)　記入日〔　　　〕調査者〔　　　〕記入者〔　　　〕	
部位・場所〔　　　　　　　　　　〕	詳細を記述　（月の点検内容とリンク）
シート No.〔　　　　〕 撮影日〔　　　　〕	

＊1　建具外れ防止金具とは引き違い窓の下枠のレール部に設置されている3〜5cm幅の板状の金具を言う
＊2　ここで言う安全ガラスとは網入りガラス、強化ガラス、飛散防止フィルム貼りガラス等を言う

グラッその時役立つ『防災ケータイカード』

家族と防災会議を開き、連絡カードをつくりましょう

　防災教育や避難訓練で得たことをもとに、一人ひとり自分だけの1枚ケータイマニュアルをつくりましょう。通学、通勤の途中でグラッときたらどう避難するのかなど、自分なりの避難先候補や血液型や連絡先を記入しておきましょう（防犯上、自分自身の血液型や連絡先など個人情報に関することはパウチの中にいれておき普段は見えないようにしておいてもいい。）以下は、愛媛県西条市立多賀小学校のもの。

写真は、石巻市立門脇小学校のもの。
石巻市立門脇小学校の子どもたち用右側（カードサイズ）、先生用左側（A4サイズ）常に所持。これを見れば、地震のときにどうしたらいいかがわかる。

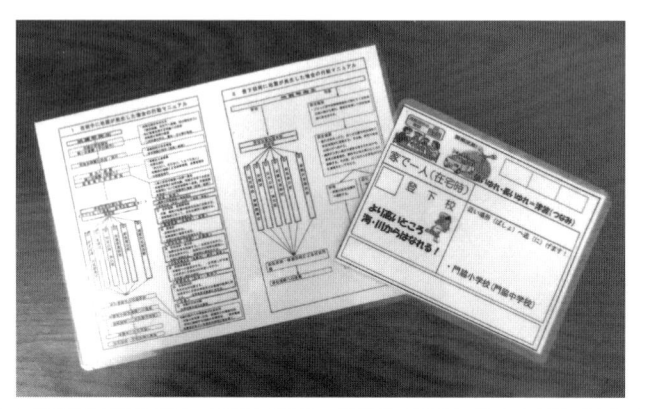

◇◆◇　協　力　◇◆◇　　　　　　　　◇◆◇　施設　写真提供　◇◆◇

安藤　宏幸	愛媛県西条市立丹原小学校校長	愛媛県西条市立丹原小学校校
若槻　徹	島根県奥出雲町立八川小学校校長	愛媛県西条市立多賀小学校
大西　潤子	東京都青梅市立総合病院　看護局長	奥出雲町立八川小学校
松尾　英子	島根県立中央病院看護局長	島根県立中央病院
大野　睦仁	北海道札幌市立厚別通小学校教諭	東京都青梅市立総合病院
高畑　将樹	高知県高知市立昭和小学校教諭	東京勤労者医療会東葛病院
菊池　健一	埼玉県さいたま市立東宮下小学校	社団福祉法人三井記念病院
歳藤　幸弘	岐阜県岐阜市立網代小学校	
千羽　達也	愛媛県西条市立飯岡小学校	
浅井　勝	東京都板橋区立上板橋第四小学校	
福原　美三	明治大学特任教授、JOCW 事務局長	
松浦　達夫	宮城県石巻市立渡波小学校校長	
佐々木隆哉	宮城県石巻市立門脇小学校校長	
金子八重子	社団福祉法人三井記念病院看護部長	

岐阜県岐阜市教育委員会
岐阜県瑞穂市立西小学校
高知・昭和小校区市民防災プロジェクト
㈱横浜建築研究所

◇◆◇　タイトル書体デザイン　◇◆◇

　　加藤　由美

◇◆◇　参考文献　◇◆◇

・災害時の避難に関する専門調査会報告〜誰もが自ら適切に避難するために〜参考資料集
　　　　　　　（中央防災会議・災害時の避難に関する専門調査会）平成 24 年 3 月
・研修・訓練の実施状況に係るアンケート調査結果と概要（内閣府）
・津波対策検討ワーキンググループ報告 / 参考資料集
　　　　　（中央防災会議・防災対策推進検討会議　津波対策検討ワーキンググループ）平成 24 年 7 月
・防災に関する人材の育成・活用について報告
　　　　　　　　（中央防災会議・防災に関する人材の育成・活用専門調査会）平成 15 年 9 月
・OECD 生徒の学習到達度調査　〜 2009 年調査国際結果〜（文部科学省）
・各教科等における「言語活動の充実」とはなにか（三省堂）2009 年
・学校保健安全法
・文部科学省「確かな学力の育成に係る実践的調査研究」事業採択報告書　2011 年

◇◆◇ 著者紹介 ◇◆◇

鈴木　敏恵 (すずき　としえ)

http://www.suzuki-toshie.net/　s-toshie@ca2.so-net.ne.jp
シンクタンク未来教育ビジョン代表／一級建築士／Architect／次世代教育構想／設計

◇公職歴など

内閣府　中央防災会議「防災に関する人材の育成・活用専門調査会」専門委員／総務省　消防大学校「幹部科・火災調査課」非常勤講師／気象庁　交通政策審議会気象分科会「集中豪雨」臨時委員／内閣府　中央防災会議「災害時の避難に関する専門調査会」専門委員／国立大学法人　千葉大学教育学部特命教授／日本赤十字　秋田看護大学大学院非常勤講師／

◇著作

『マルチメディアで学校革命』小学館／『ポートフォリオで評価革命！―その作り方・最新事例・授業案』学事出版／『ポートフォリオで進路革命！―就職＆進学成功・インターンシップ・評価指標・AO入試・デジタルポートフォリオ』学事出版／『総合的な学習、成功戦略―ポートフォリオでプロジェクト学習』学習研究社／『ポートフォリオシート集＆解説書』教育同人社／『未来教育シリーズ／パーソナルポートフォリオ』学習研究社／『目標管理はポートフォリオで成功する―モチベーションマネージメント』メヂカルフレンド社／『ポートフォリオ評価とコーチング手法―臨床研修・臨床実習の成功戦略！』医学書院／『看護師の実践力と課題解決力を実現する！　ポートフォリオとプロジェクト学習』医学書院／『課題解決力と論理的思考力が身につくプロジェクト学習の基本と手法』教育出版　ほか

◇防災関係　活動

2002年	日本初の防災プロジェクト学習／高知市立小学校にて実施
2003年	著書「ポートフォリオでプロジェクト学習！地域と学校をつなぐ防災教育」教育同人社
2005年	NHKテレビ「視点・論点」にて「命を守る防災プロジェクト学習の推進」を提案
2005年	ヘラルド・トリビューン紙／オピニオン欄「防災教育をはじめよう」
2007年	横浜市教育委員会『防災チェックシート　小学校用中学校用』作成協力
2008年	総務省大学校「幹部科・火災調査課」講師
2011年	主催：JICA／トルコ国民教育省「新しい防災教育の授業設計と教員研修について」講義
2011年	論文：特集 災害と地域ケア ―「防災ハザードマップ」による地域連携／医学書院「訪問看護と介護」
2011年	東北大学にて東日本大震災地域の高校生「未来への願い」発表への支援
2011年	高知市・市民防災プロジェクト「地震・津波」昭和小校区／企画指導・講師
2011年	論文「子どもの自律的な防災行動を育むプロジェクト学習とコーチング」慶應義塾大学出版会；教育と医学
2012年	内閣府／中央防災会議「防災に関する人材の育成・活用専門調査会」委員

グラッ！その瞬間どうする？
避難シミュレーションで命を守る！
〜新しい避難訓練（シェイクアウト）とマニュアルづくり〜

鈴木敏恵　著

発行人	森　達也	編　集	松原悦子　江島克俊
発行所	㈱教育同人社	表紙デザイン・組版	(株)ユニックス
	170-0013	印刷製版	図書印刷(株)
	東京都豊島区東池袋4-21-1	初版 2013年7月10日	
	アウルタワー2F		
	TEL03-3971-5151（代）	ISBN 978-4-87384-132-8　printed in Japan	